E-COMMERCE

*o avanço tecnológico
e as relações
consumidor-fornecedor*

Andreza Cristina Baggio

Rua Clara Vendramin, 58 . Mossunguê . Cep 81200-170 . Curitiba . PR . Brasil
Fone: (41) 2106-4170 . www.intersaberes.com . editora@intersaberes.com

Conselho editorial Dr. Alexandre Coutinho Pagliarini, Dr.ª Elena Godoy, Dr. Neri dos Santos, Dr. Ulf Gregor Baranow ▪ **Editora-chefe** Lindsay Azambuja ▪ **Gerente editorial** Ariadne Nunes Wenger ▪ **Assistente editorial** Daniela Viroli Pereira Pinto ▪ **Preparação de originais** Ana Maria Ziccardi ▪ **Edição de texto** Letra & Língua Ltda., Monique Francis Fagundes Gonçalves ▪ **Capa** Luana Machado Amaro ▪ **Projeto gráfico** Mayra Yoshizawa ▪ **Diagramação** Luana Machado Amaro ▪ **Equipe de design** Iná Trigo, Luana Machado Amaro ▪ **Iconografia** Regina Claudia Cruz Prestes

Dados Internacionais de Catalogação na Publicação (CIP)
(Câmara Brasileira do Livro, SP, Brasil)

Baggio, Andreza Cristina
  E-commerce: o avanço tecnológico e as relações consumidor-fornecedor/Andreza Cristina Baggio. Curitiba: InterSaberes, 2022. (Série Estudos Jurídicos: Direito Empresarial e Econômico)

  Bibliografia.
  ISBN 978-65-5517-204-1

  1. Comércio eletrônico 2. Comércio eletrônico – Administração 3. Comércio eletrônico – Legislação 4. Consumidores - Leis e legislação 5. Inovações tecnológicas 6. Marketing na Internet I. Título. II. Série.

22-104359   CDU-34:004.738.5:339

Índices para catálogo sistemático:

1. Comércio eletrônico: Aspectos jurídicos: Direito   34:004.738.5:339

Cibele Maria Dias – Bibliotecária – CRB-8/9427

1ª edição, 2022.

Foi feito o depósito legal.

Informamos que é de inteira responsabilidade da autora a emissão de conceitos.

Nenhuma parte desta publicação poderá ser reproduzida por qualquer meio ou forma sem a prévia autorização da Editora InterSaberes.

A violação dos direitos autorais é crime estabelecido na Lei n. 9.610/1998 e punido pelo art. 184 do Código Penal.

Sumário

9 ▪ *Apresentação*

15 ▪ **Capítulo 1**
15 ▪ **Internet e comércio eletrônico: a revolução iniciada no século XX**
20 | Origem do comércio eletrônico
23 | Conceito de *e-commerce*
29 | Espécies de *e-commerce* considerando os agentes partícipes da relação
40 | Classificação do comércio eletrônico considerando a plataforma de acesso

51 ▪ **Capítulo 2**
51 ▪ **Regulação do comércio eletrônico no Brasil**
52 | O Código de Defesa do Consumidor e o Decreto n. 7.962/2013
54 | Marco Civil da Internet: Lei n. 12.965/2014
56 | O Projeto n. 281/2012 e a primeira tentativa de regulamentação do *e-commerce*
57 | Lei Geral de Proteção de Dados no comércio eletrônico
62 | Comércio eletrônico e diálogo entre as fontes normativas

67 ▪ **Capítulo 3**
67 ▪ **Comércio eletrônico e contratos eletrônicos**
71 | Contrato e negócio jurídico
74 | Contratos eletrônicos
76 | Formas de contratação eletrônicas
78 | Formação do contrato eletrônico
88 | Requisitos de validade do contrato eletrônico
90 | Força obrigatória da proposta nos contratos eletrônicos
92 | Princípios aplicáveis aos contratos eletrônicos
97 | Contratos eletrônicos de consumo e conflito de leis no espaço

101 ▪ **Capítulo 4**
101 ▪ **Relação de consumo e comércio eletrônico**
102 | Relações de consumo e conceito de consumidor
108 | Vulnerabilidade do consumidor no comércio eletrônico
121 | Responsabilidade dos fornecedores segundo
o Código de Defesa do Consumidor
126 | Responsabilidade solidária segundo
o Código de Defesa do Consumidor
134 | Direito de arrependimento do consumidor
no comércio eletrônico
137 | Vício do serviço: o atraso na entrega de produtos adquiridos
pelo comércio eletrônico
144 | Internet, comércio eletrônico e publicidade

155 ▪ Capítulo 5
155 ▪ **A Quarta Revolução Industrial e o futuro do comércio eletrônico**
159 | Smart contracts e internet das coisas: contratos inteligentes, produtos e serviços inteligentes
167 | Inteligência artificial
171 | Comércio eletrônico em um mundo pós-pandemia: perspectivas para o futuro

179 ▪ *Considerações finais*
183 ▪ *Referências*
201 ▪ *Sobre a autora*

Apresentação

Esta obra destina-se a estudantes de direito, profissionais das áreas jurídicas, de áreas da tecnologia da informação, de criação de aplicativos e de formatação de negócios pela internet, bem como a comerciantes, fornecedores de produtos e serviços pela internet. A abrangência de profissionais que podem beneficiar-se desta obra é, inclusive, o motivo pelo qual optamos por uma linguagem menos jurídica e mais informal.

Nosso objetivo primeiro é apresentar ao leitor os principais aspectos jurídicos do *e-commerce*, dada sua relevância na vida dos cidadãos e, especialmente, algumas especificidades que podem trazer dúvidas ao profissional do direito. Desde o conceito de comércio eletrônico e sua regulamentação até uma análise do possível futuro do *e-commerce*, apontaremos um panorama do fenômeno por meio de uma linguagem mais informal, que provoque curiosidade e traga respostas às mais basilares dúvidas sobre o assunto.

Após a Revolução Industrial e o liberalismo econômico, a economia mundial passou, novamente, por importante transformação, impulsionada pelo processo de globalização e seus meios modernos de formação de vínculos contratuais.

Foi o fim das barreiras físicas e das dificuldades de comunicação entre as nações. Nesse contexto, o direito, ciência sempre sensível às mudanças sociais e econômicas de seu tempo, teve seus institutos clássicos desafiados por essa nova ordem mundial, principalmente com o surgimento de novos modos de circulação de riquezas, massificados e desmaterializados por meio da internet e demais meios eletrônicos.

Diante desse cenário, identificamos um fenômeno facilitador para o fim das barreiras físicas entre os estados: o surgimento da internet e a expansão do uso dos meios eletrônicos. Utilizada, basicamente, para fins de pesquisa universitária no passado, a internet é, atualmente, um importante canal de negociação entre países, pessoas físicas e jurídicas, deixando de ser apenas um meio de informação e de comunicação, transformando-se em um canal efetivo de negócios que não só oportuniza a compra e a venda de qualquer produto, mas também possibilita a contratação de qualquer espécie de serviço. O uso da internet e sua popularização permitiram o nascimento de uma nova forma de comércio e de transferência de riquezas: o *e-commerce*, ou comércio eletrônico.

O comércio eletrônico por meio de plataformas digitais com acesso à internet é um fenômeno mundial. Nesse novo cenário negocial, alguns questionamentos a respeito dessas relações jurídicas ganham importância, como a segurança jurídica das transações contratuais feitas pela internet e por outros meios eletrônicos, a validade jurídica desses contratos e a influência dos novos conceitos trazidos pela concepção pós-moderna da teoria contratual sobre essas relações, situações, entre muitas outras, que justificam a construção desta obra.

A exemplo da Revolução Industrial – que marcou a passagem do capitalismo mercantil para o capitalismo industrial, provocando profundas mudanças sociais e econômicas no século XIX –, a Revolução Digital está marcando a época atual. Ao passo que a Revolução Industrial foi movida pela força das máquinas a vapor, que possibilitaram a produção em massa, a Revolução Digital encontra nos novos mecanismos de comunicação, de automação e de inteligência artificial, seu motor, e, ao contrário do que se viu com a Revolução Industrial, está sendo implementada com velocidade jamais experimentada.

Neste século, a humanidade está testemunhando um fenômeno de grandes proporções para a economia mundial: a globalização. Por óbvio que a globalização não é um acontecimento isolado na atualidade, mas é um fenômeno que tem origem ainda nos séculos XV e XVI, épocas em que os Estados europeus deram início à expansão marítima e comercial. Neste início de século, também observamos a queda acelerada das barreiras globais, já que os governos mundiais não atuam apenas nos limites de seus próprios territórios, mas para atender aos interesses de blocos e continentes.

A internet, portanto, está influenciando, sobremaneira, as transformações observadas na atualidade e, provavelmente, em breve, todas as conquistas jurídicas obtidas na área do comércio eletrônico vão definir a forma de sobrevivência do mercado tradicional, influenciando todos os aspectos da vida. Assim, a importância desta obra está em apontar que, mais do que um avanço, a rede mundial de computadores e os meios eletrônicos estão concedendo uma nova concepção às formas tradicionais de negociações, de contratações e de transferência de riquezas no século XXI. Para tanto, organizamos o conteúdo em cinco capítulos.

O primeiro capítulo é todo dedicado à compreensão do fenômeno *e-commerce*. Nele, abordamos temas como o surgimento da internet, o nascimento e o crescimento exponencial dos números de transações realizadas via comércio eletrônico nos últimos anos. Para introduzir o tema ao leitor de maneira bastante objetiva, trazemos os conceitos e indicamos as formas de apresentação do comércio eletrônico.

No segundo capítulo, apresentamos, também de modo objetivo, a regulamentação jurídica existente no Brasil até o presente momento sobre o comércio eletrônico, com ênfase no Marco Civil da Internet e na Lei Geral de Proteção de Dados, observando, desde já, que a aplicação do Código de Defesa do Consumidor (CDC) ao comércio eletrônico será objeto de capítulo próprio.

O terceiro capítulo, um pouco mais técnico, trata do instrumento de realização de transações eletrônicas pelo *e-commerce*: os contratos eletrônicos. O objetivo desse capítulo é demonstrar que todo contrato eletrônico é um contrato em seu sentido amplo na condição de negócio jurídico regulamentado pelo Código Civil brasileiro. O que diferencia o contrato eletrônico é o meio de sua formalização, que são os aplicativos, as páginas da internet, as redes sociais.

No quarto capítulo, examinamos o comércio eletrônico por meio da incidência do Código de Defesa do Consumidor. Embora nem todo contrato eletrônico seja um contrato de consumo, é fato que, no âmbito das relações de consumo, o fenômeno objeto deste livro tem maior palco. Além de conceitos básicos do direito do consumidor, importantes para entender a aplicação do CDC ao comércio eletrônico, outros temas também serão tratados, como a publicidade na internet e nas redes sociais.

No quinto e último capítulo, tratamos da chamada Quarta Revolução Industrial e do fenômeno da revolução tecnológica que experimentamos atualmente. Analisamos temas como a internet das coisas, a inteligência artificial, para, por fim, apresentar algumas considerações acerca do futuro do comércio eletrônico.

Assim, o que esperamos com este livro é que o fenômeno do *e-commerce* possa ser compreendido em seus conceitos fundamentais e em aspectos mais comuns do dia a dia dessas negociações. Obviamente, não temos a pretensão de esgotar o tema, que é desafiador, mas fazer brotar em nossos leitores o interesse em conhecê-lo e, quiçá, aprofundá-lo oportunamente.

Capítulo 1

Internet e comércio eletrônico: a revolução iniciada no século XX

Impossível estudar o *e-commerce* sem um breve introito à história da internet. Aliás, antes mesmo de tratarmos da internet, vale uma viagem pela história do surgimento dos computadores.

Inicialmente, o computador era considerado apenas uma grande máquina para fazer cálculos complexos, mas, durante a Segunda Guerra Mundial, seu uso foi ampliado para a difusão de informações.

Nos idos de 1945, foi lançado o projeto Eniac (Electronic Numerical Integrator and Calculator), cuja função era avaliar e calcular a trajetória de mísseis (Silveira, 2001). Todavia, o grande avanço no uso dos computadores aconteceu com a criação e comercialização dos microcomputadores domésticos, feito de autoria de Steven Wozniak e Steve Jobs (Behrens, 2007).

Já a rede mundial de computadores, ou internet, surgiu no período da historicamente conhecida Guerra Fria (1945-1991), época em que Estados Unidos e União Soviética disputavam poder e hegemonia política e econômica (Volpi Neto, 2011).

Com a criação do Arpa (Advanced Research Projects), o Departamento de Defesa dos Estados Unidos desenvolveu um sistema avançado de compartilhamento de informações entre pessoas distantes geograficamente, no intuito de facilitar as estratégias de guerra. Essa tecnologia foi, posteriormente, liberada para utilização nas universidades com vistas à divulgação de estudos e teses acadêmicas.

Segundo Gustavo Testa Corrêa (2002), em 1989, foi criado o sistema *www – world wide web –*, nascendo, então, a rede mundial de computadores, ou a internet, como é mais conhecida.

A internet é, portanto, uma rede sistêmica e global de computadores que possibilita a comunicação e a transferência de arquivos de uma máquina a qualquer outra conectada na rede, possibilitando, assim, um "intercâmbio de informações sem precedentes na história, de forma rápida, eficiente, e sem a limitação de fronteiras, culminando na criação de novos mecanismos de relacionamento" (Testa Corrêa, 2002, p. 11).

No final da década de 1980, as universidades brasileiras passaram a compartilhar algumas informações com os Estados Unidos por meio da internet, dando início a seu uso no país. Em 1989, foi lançada a Rede Nacional de Ensino e Pesquisa (RNP), cujo objetivo era difundir essa tecnologia pelo Brasil. Em 1997, foram criadas as redes locais de conexão, possibilitando a expansão do acesso a todo território nacional.

A internet foi a mola propulsora para importantes mudanças no mundo. A partir dela, nasceu a chamada **sociedade de risco**, marcada pela complexidade das relações sociais, jurídicas e humanas. Na sociedade de risco, complexa e de consumo, a informação tem papel fundamental. Viver nessa sociedade demanda o enfrentamento de vários desafios: à atualização, à detenção do conhecimento, à formação pessoal e à profissional. Todo tipo de dado transmite-se facilmente e com velocidade nunca imaginada.

Verdadeiro instrumento de inclusão social, o "fenômeno internet" atinge milhões de pessoas, de todos os povos, costumes e crenças e divulga o conhecimento democrático de todo o tipo de assunto. Historicamente, não se conhece fenômeno dessa proporção, e de tamanha repercussão na formação da sociedade, por isso, esta é também denominada **sociedade de informação**.

Na sociedade da informação, apenas quem detém a informação é chamado a participar. Mas de qual tipo de informação se trata, afinal? De todo o tipo. Desde a mais simples à mais complexa, inclusive, passando pela desinformação. Pela internet, é possível tomar conhecimento do mundo, aprofundar-se na história, viajar pelo tempo. Quiçá, é hoje o computador a verdadeira máquina do tempo!

Muitos são os dilemas que surgem dessa realidade, tanto que os mais variados ramos do conhecimento humano, como direito, sociologia, psicologia, desdobram-se para compreender esse fenômeno global. Todavia, resta à ciência a inquietação de que nada sobre esse assunto poderá ser analisado a contento, porque, apesar de sua dimensão, o fenômeno é novo.

A divulgação da cultura e da informação pela internet é fenômeno recente se comparado a outros momentos históricos também igualmente importantes para a humanidade, como foi, por exemplo, à Revolução Industrial. Com ela, surgiu a sociedade de consumo massificado, de sujeitos despersonalizados, que têm no consumo a mola propulsora do desenvolvimento econômico.

Se a Revolução Industrial modificou o modo de viver em sociedade, a Revolução Informática está influindo na forma de pensar do ser humano. Estudos demonstram que o uso da internet modificará a atividade cognitiva do homem, a forma de conhecimento e de aprendizado, o que se aprende com o desenvolvimento da leitura e da escrita. Como explica Lorenzetti (2006, p. 833):

> O surgimento da era digital tem suscitado a necessidade de repensar importantes aspectos relativos à organização social, à democracia, à tecnologia, à privacidade, à liberdade e observa--se que muitos enfoques não apresentam a sofisticação teórica que semelhantes problemas requerem; esterilizam-se obnubilados pela retórica, pela ideologia e pela ingenuidade.

No entanto, não é só a avalanche de informações que caracteriza o mundo atual, mas também o fim da privacidade é evidente. Não há mais quem seja totalmente anônimo nos tempos de internet.

Essa constatação se confirma quando digitamos nosso nome em um *site* de buscas pela internet: alguma informação certamente encontraremos. A privacidade chegou ao fim ou porque renunciamos a ela, ou porque ela nos é usurpada constantemente pelos nossos pares, que nos expõem ainda que contra nossa vontade.

Aliás, atualmente, para além da existência de uma sociedade de informação, é corrente o entendimento de que a humanidade enfrenta uma nova revolução, a chamada **Quarta Revolução Industrial**, impulsionada pelos avanços tecnológicos e gerando perplexidade em todo o mundo, especialmente em razão da velocidade desses avanços.

— 1.1 —
Origem do comércio eletrônico

Segundo Barreto (2009), o comércio a distância, ou fora do estabelecimento comercial, teve início com as televendas, com as vendas de produtos feitas por telefone. Ainda em 1990, o Código de Defesa do Consumidor, Lei n. 8.078, de 11 de setembro de 1990, já trouxe, em seu art. 49, o direito de arrependimento do consumidor no caso de vendas realizadas a distância (Brasil, 1990). Evidentemente, com a disseminação de seu uso, em meados dos anos 1990, a internet transformou-se no instrumento por excelência do comércio a distância.

A internet gerou novos e instigantes desafios para o direito, especialmente para o direito do consumidor, sobre os quais Bruno Miragem (2009, p. 43) manifestou-se oportunamente, ao reconhecer que o desenvolvimento constante da internet "é um novo capítulo de um conjunto de transformações tecnológicas radicais na experiência humana, a revolução tecnológica ou das comunicações, que possui dentre seus traços determinantes o caráter permanente do desenvolvimento e inovações no campo da comunicação, como é o caso do comércio eletrônico".

Nascem as lojas virtuais, as novas formas de publicidade de produtos e de serviços, bem como as redes sociais responsáveis pela propagação da informação. Sobre o tema, Ricardo Canto (2015) afirma que, desde sua popularização, a internet atua como instrumento potencializado da sociedade pós-moderna, reorganizando a estrutura social, antes embasada nos princípios da sociedade industrial de trabalho e capital, para os paradigmas basilares pós-modernos de informação e do conhecimento.

O comércio eletrônico é, portanto, extremamente vantajoso para consumidores e fornecedores: o consumidor encontra maior variedade de produtos e serviços; os fornecedores não têm custo com o espaço físico, com pessoal para atendimento ao cliente, com a manutenção de estoque.

— 1.1.1 —
Comércio eletrônico no Brasil

A palavra *e-commerce* é a abreviação do termo, em inglês, *electronic commerce*, "comércio eletrônico" em tradução literal. A letra *e* indica o que ocorre por meio da internet, a exemplo do *e-mail*, que significa "correio eletrônico". Portanto, *e-commerce* se refere às transações comerciais realizadas totalmente *on-line* (Vázquez, 2021).

Antes de iniciar um estudo teórico sobre o *e-commerce*, é importante analisarmos o impacto desse fenômeno na economia global e no comportamento dos consumidores brasileiros. Segundo o blog Climba Commerce (2021), com base no estudo Webshoppers, do E-bit, o segmento do *e-commerce* cresceu 387% nos últimos 10 anos. Houve um salto de faturamento de 14,8 bilhões de reais, em 2008, para 53,2 bilhões, em 2018.

Tabela 1.1 – O crescimento do *e-commerce* em números

Ano	Faturamento	Aumento percentual
2014	R$ 35,8 bilhões	24% ante 2013
2015	R$ 41,3 bilhões	16% ante 2014
2016	R$ 44,4 bilhões	7,4% ante 2015
2017	R$ 47,7 bilhões	7,5% ante 2016
2018	R$ 53,2 bilhões	12% ante 2017
2019 (projeção)	R$ 61,2 bilhões	15% ante 2018

Fonte: Climba Commerce, 2021.

Segundo o E-commerce Brasil, portal sobre o panorama do comércio eletrônico no país, em agosto de 2019, pesquisa do E-bit divulgou que "o comércio eletrônico teve um crescimento de 12% em vendas online no primeiro semestre de 2019. No primeiro semestre de 2018, o crescimento também tinha sido de 12%. Nos seis meses anteriores à divulgação da pesquisa, esse crescimento representava um faturamento de 26,4 bilhões de reais" (E-commerce Brasil, 2019).

Ainda de acordo com o E-commerce Brasil (2019), "de acordo com o volume de pedidos, o primeiro semestre de 2019 registrou um crescimento de 20%, ante 8% registrados no primeiro semestre de 2018. O dado atual representa R$ 65,2 milhões em volume de pedidos".

A mesma pesquisa aponta um dado interessante: o aumento no número de compras realizadas pela internet está sendo causado por uma recuperação da economia. Na verdade, é o comportamento do consumidor brasileiro que tem mudado.

Por fim, o E-commerce Brasil (2019) explica que

> dos consumidores pesquisados no primeiro semestre de 2019, 5,3 milhões (18,1% do total pesquisado no período), fizeram sua primeira compra online. Portanto, a entrada de novos compradores no cenário de comércio eletrônico tem ajudado a alavancar os dados generosos do setor. Houve uma variação positiva de 7% a mais de consumidores em *e-commerces*. Ao todo, 29,7 milhões no primeiro semestre de 2019, em comparação com o primeiro semestre de 2018.

Muitos descobriram os canais de compras pela internet, e aqueles que já costumavam fazer compras *on-line* passaram a experimentar novos canais e novas plataformas.

— 1.2 —
Conceito de *e-commerce*

O comércio eletrônico, ou *e-commerce*, surgiu como fenômeno indiscutível do século XXI, revolucionando a forma de trânsito de bens e de serviços em todo o mundo. Ainda hoje não existe um conceito definitivo e simples para esse tipo de comércio.

Com a disseminação da internet, o comércio eletrônico passou a ser concebido como a realização de atividades negociais por meio da plataforma internet. Entretanto, as facilidades que a internet hoje oferece tornam possível a contratação de bens e serviços por intermédio de aplicativos, das plataformas de compras coletivas e das plataformas de *marketplace*. Diante da impossibilidade de um conceito objetivo, apresentaremos, a seguir, a definição de alguns dos principais pesquisadores do tema.

Cláudia Lima Marques (2004) destaca que, desde a década de 1990, surgiu um espaço novo na seara do comércio com os consumidores, que é a própria internet. Para a autora, o comércio eletrônico seria a troca comercial realizada entre fornecedores e consumidores que acontece por meio de contratações a distância, conduzidos em meios eletrônicos. Assim, o comércio eletrônico é aquele que gera contratos eletrônicos.

Jean Calais-Auloy e Frank Steinmetz (1996, p. 82, tradução nossa) explicam que:

> Por muito tempo, a única forma de venda a distância foi a venda por correspondência: o vendedor faz suas ofertas por meio de catálogos, prospectos ou anúncios, e o comprador encomenda por via postal. A venda por correspondência existe desde o século 19, e continua usada, mas não é mais a única forma de venda à distância. Desde os anos 1980, processos de telecomunicação são utilizados para contatar os clientes: telefones, telecópia, televisão notadamente.

Para Ricardo Luiz Lorenzetti (2006), a definição de comércio eletrônico é muito ampla, o que poderia gerar certa confusão. Segundo o autor:

A comissão da União Europeia, numa comunicação denominada "uma iniciativa europeia em matéria de direito eletrônico" (COM. 97.157), define-o como o "desenvolvimento da atividade comercial e de transação por via eletrônica, e compreende atividades diversas: a comercialização de bens e serviços por via eletrônica, a distribuição online de conteúdo digital, a realização por via eletrônica de operações financeiras e de bolsa, a obra pública por via eletrônica e todo procedimento deste tipo celebrado pela administração pública". (Lorenzetti, 2006, p. 90-91)

Já Camila Cândido Emerim (2014, p. 2) destaca que as razões para a consolidação do comércio eletrônico são diversas, como: "a redução de custos e do processo de distribuição e de intermediação, a possibilidade de operar initerruptamente, a superação das barreiras nacionais e o aumento da velocidade nas transações".

Por sua vez, Cláudia Lima Marques (2004, p. 36-37), em sua obra que trata especificamente do comércio eletrônico, define o *e-commerce* como:

> comércio "clássico" de atos negociais entre empresários e clientes para vender produtos e serviços, agora realizado através de contratações à distância, conduzidas por meios eletrônicos (e-mail, mensagem de texto etc.), por Internet (on-line) ou por meios de telecomunicação de massa (telefones fixos, televisão a cabo, telefones celulares etc.). Tais negócios

jurídicos finalizados por meio eletrônico são concluídos sem a presença física simultânea dos dois contratantes no mesmo lugar, daí serem denominados, normalmente, contratos à distância no comércio eletrônico, e incluírem trocas de dados digitais, textos, sons e imagens.

Em publicação mais atual, Emerson Penha Malheiro (2018, p. 2) explica:

> O comércio eletrônico, também conhecido como e-commerce ou comércio virtual é uma espécie de operação comercial com ou sem finalidade lucrativa realizada precipuamente mediante dispositivos eletrônicos, por exemplo, computadores, tablets e smartphones. Os seus fundamentos estão sustentados em criptografia, pagamentos eletrônicos e segurança, circundando pesquisa, desenvolvimento, negociação, vendas, marketing, propaganda e suporte. Cuida-se do segmento comercial que trata das informações eletrônicas aprovisionadas por uma corporação. O e-commerce envolve qualquer espécie de operação de comércio que demanda a transmissão de informações pela internet.

Para o autor, o comércio eletrônico também ocorre quando a transação é feita por meio eletrônico, ou seja, por *smartphone* e ATM (*automatic teller machine*), como caixas eletrônicos e máquinas de vender refrigerantes. Já para Têmis Limberger e Carla Moraes (2015, p. 2),

O mercado do comércio eletrônico cresce em todo o mundo. Neste contexto, não é diferente a situação no Brasil, onde representa fatia considerável do faturamento de muitas empresas. Trata-se de uma modalidade extremamente vantajosa: sem custos de estrutura física, climatização, energia, mão de obra etc. Por outro lado, a facilidade, o conforto e a diversidade de produtos disponíveis nas vitrines das lojas virtuais são um atrativo a mais para os consumidores, que economizam tempo, evitando, assim, trânsito, filas, além de contar com a comodidade de receber tudo em casa.

Limberger e Moraes (2015, p. 3) afirmam também que:

> A informação transmitida instantaneamente pelas novas tecnologias é algo sem precedentes na história da humanidade, pois ocorre em tempo real. Esta nova forma de comunicação modifica as relações humanas, em geral. Como todo fenômeno complexo, não é algo que contenha apenas aspectos positivos ou negativos, a Internet é uma ferramenta que pode ser utilizada de forma ambígua, pois aporta elementos que por ora agregam e por vezes, desagregam. A ideia de que seria possível criar um mundo perfeito na rede, isento de problemas, que transcendesse às injustiças e que, por conseguinte, fosse desnecessária a regulação jurídica, não prosperou. A Internet não é este espaço neutro, veja-se a questão dos *hackers*, *spams*, pedofilia, violação dos dados pessoais e a exclusão digital. Tudo isto nos faz refletir que as agruras da vida real, encontram no terreno virtual, espaço fértil para sua disseminação.

Fábio Ulhoa Coelho (2011) define comércio eletrônico como a venda de produtos ou a prestação de serviços realizadas por meio de transmissão eletrônica de informações. Como exemplos de transações eletrônicas, Roberto Marquesi, Ana Paula Lêdo e Isabela Sabo (2018, p. 759) citam:

> a aplicação financeira feita no *home banking*, a compra do supermercado realizada pela internet, de flores no *website* da floricultura, entre outros. A natureza do bem ou serviço negociado não é relevante na definição do comércio eletrônico. Se o negócio é realizado por meio de declarações de vontade transmitidas eletronicamente, o comércio é eletrônico, porque a oferta e a aceitação ocorrem por meio da transmissão eletrônica de dados.

Cláudia Lima Marques (2004), por sua vez, ao abordar o tema, cita contratos do comércio eletrônico, ou negócios jurídicos do comércio eletrônico. Para a autora, esse tipo de comércio despersonalizado, atemporal, desmaterializado e desterritorializado é apenas a confirmação de negócios jurídicos unilaterais, como é o caso da oferta e da publicidade.

Douglas Feitora e Leandro Garcia (2016, p. 87) definem o comércio eletrônico como

> qualquer transação econômica em que compradores e vendedores se comunicam por meio de mídias eletrônicas da Internet, firmam um acordo contratual no que diz respeito ao estabelecimento de preços e entrega de bens/serviços

específicos, e consolidam a transação por meio da execução do pagamento e da entrega desses bens/serviços, conforme estabelecido em contrato.

Assim, como vimos até aqui, o comércio eletrônico nada mais é do que uma forma diferenciada de realização de transações comerciais, e diferenciada porque tem a tecnologia, a internet como base. A evolução tecnológica, portanto, mudou as bases e os paradigmas do comércio ao final do século XX e, fortemente, no século XXI. O que vemos hoje é um novo mundo, repleto de possibilidades e cuja evolução certamente será a tônica dos próximos anos na história da humanidade.

— 1.3 —
Espécies de *e-commerce* considerando os agentes partícipes da relação

Conforme já exposto, o comércio eletrônico apresenta-se por meio de diferentes plataformas e pode englobar diferentes agentes. É importante, nesse caso, analisarmos as espécies de *e-commerce*, ou os tipos de relações negociais que se utilizam da internet para sua formação.

Ricardo Luís Lorenzetti (2006, p. 91) elenca as seguintes hipóteses contratuais no comércio eletrônico:

a) entre setor público e privado (G2B – *government to business*): o meio eletrônico é utilizado tanto nos contratos com o Estado como entre particulares; b) entre empresas e consumidores (B2C – *business to consumer*): o meio eletrônico não dispensa essa distinção, sobretudo quando se fala em proteção do consumidor; c) o modo de celebração consensual (B2B – *business to business* ou C2C – *consumer to consumer*): o contrato celebrado pelo consenso das partes persiste no meio eletrônico, seja entre empresas, ou entre consumidores, visto que dois contratantes podem vincular-se mediante um computador, bem como dialogar, trocar propostas e celebrar um contrato.

Segundo lição de Emerson Penha Malheiro (2018), podemos encontrar diversos padrões de negócios que são constituídos pelo comércio eletrônico, considerando seus agentes como B2B (*business to business*), B2C (*business to consumer*) e C2C (*consumer to consumer*).

— 1.3.1 —
Comércio *business to business* (B2B)

O comércio B2B, ou *business to business*, é aquele celebrado entre empresas, normalmente, para a aquisição de insumos para a atividade empresarial. No direito brasileiro, porém, uma vez que o Código de Defesa do Consumidor também reconhece a pessoa jurídica como consumidora em algumas situações, é possível que duas empresas firmem o negócio chamado de B2C (*business to consumer*).

Os negócios B2B são regidos, basicamente, pelo Código Civil, Lei n. 10.406, de 10 de janeiro de 2002 (Brasil, 2002), por eventuais normas que tratem de relações empresariais, e pelo Marco Civil da Internet, Lei n. 12.965, de 23 de abril de 2014 (Brasil, 2014).

— 1.3.2 —
Comércio *business to consumer* (B2C)

São relações jurídicas de consumo, regidas, basicamente, pelo Código de Defesa do Consumidor (CDC), Lei n. 8.078/1990.

O CDC define que qualquer produto ou serviço que estejam colocados no mercado de consumo pode ser objeto de uma relação de consumo, independentemente do meio pelo qual a relação acontece (Brasil, 1990).

Lembrarmos que o CDC, em seu art. 2º, define como consumidor toda pessoa física ou jurídica, portanto também uma pessoa jurídica poderá estar na figura de consumidor em uma relação B2C, embora o tema ainda seja polêmico nos tribunais brasileiros (Brasil, 1990).

Conforme abordaremos adiante, o CDC é legislação de extrema importância para o comércio eletrônico, que, como já citamos, também é regido pela Lei n. 12.965/2014, conhecida como Marco Civil da Internet (Brasil, 2014), e também sofre incidência da Lei n. 13.709, de 14 de agosto de 2018, mais conhecida como Lei Geral de Proteção de Dados (Brasil, 2018).

— 1.3.3 —
Comércio *consumer to administration* (C2A)

O *consumer to administration* é um modelo de comércio eletrônico que envolve todas as transações realizadas entre indivíduos e Administração Pública. São exemplos de comércio C2A: programas de ensino a distância; serviço de segurança via GPS; marcação de consultas; resultado de exames em *sites*; emissão de declarações fiscais *on-line*. O C2A é voltado para a melhoria e a eficiência de serviços públicos direcionados à população por meio de tecnologias e informações.

— 1.3.4 —
Comércio *business do administration* (B2A)

O *business to administration* é a parte do comércio *on-line* que envolve transações entre empresas e a Administração Pública. Nessa área, as empresas vendem produtos e serviços para a instituição pública, contratadas com o objetivo de melhorar alguns dos serviços públicos, como, por exemplo, desenvolver *sites* de órgãos públicos; criar *softwares* de gestão; e armazenar dados.

As empresas interessadas em oferecer produtos ou serviços para os órgãos públicos precisam passar por um processo de licitação.

— 1.3.5 —
Comércio *consumer to consumer* (C2C)

No comércio C2C, a contratação ocorre entre dois consumidores, intermediada por uma plataforma digital, como um site de leilão *on-line* ou outro site comercial. A plataforma intermedeia a negociação e cobra um percentual para realizar o contato entre os consumidores.

O melhor exemplo para comércio C2C, no Brasil, é o Mercado Livre, que, em 2015, contava com mais de 12 milhões de usuários em toda a América Latina (Felipini, 2015).

Embora os dados aqui apresentados sejam de 2015, veremos, adiante, que os dados do *e-commerce* são atualmente muito maiores, especialmente, após a pandemia de covid-19. Por esse motivo, esse tema será aprofundado adiante, no Capítulo 5 desta obra.

Outros exemplos de relações C2C podem ser citados, como é o caso da OLX, Uber, AirBnb. No item a seguir, trataremos do tema apresentando suas peculiaridades, especialmente, a forma como o direito trata todas as novidades e oportunidades que hoje a internet proporciona.

Economia compartilhada ou colaborativa

Talvez o assunto mais interessante a ser tratado no tocante às relações de comércio eletrônico e consumidores seja a inserção dessas empresas inovadoras no mercado do chamado *consumo colaborativo*, ou *economia colaborativa*.

Como explicam Silva Jr. e Ramalho (2016),

> Por meio da economia colaborativa, desenvolvem-se modelos de negócios em que os indivíduos exploram seu patrimônio pessoal para fins econômicos, utilizando soluções baseadas no big data, na inteligência artificial e nos objetos conectados (ou Internet dos objetos), ou seja, as atividades são facilitadas por plataformas colaborativas (aplicações de internet), que criam um mercado aberto para a exploração econômica temporária de bens ou serviços por parte dos indivíduos.

No novo mercado virtual, segundo Bruno Miragem (2019, p. 20),

> passam a se organizar, então, novos modos de oferta de produtos e serviços, por intermédio de estruturas de maior complexidade, com a participação de diferentes agentes, especialmente dentre os fornecedores dos serviços. Assim, por exemplo, o que passa a ocorrer com a denominada economia do compartilhamento, no qual o fornecimento dos serviços através de uma plataforma digital permitirá aproximar consumidores interessados em sua fruição e fornecedores que ofertem a prestação – assim considerados aqueles que diretamente prestam o serviço, como também os que o organizam, formatam a contratação, o pagamento e controlam sua execução.

Em excelente artigo publicado na *Revista de Direito do Consumidor*, Claudia Lima Marques (2017, p. 249) define com precisão do que trata a economia compartilhada:

Para fins deste artigo, posso definir a economia do compartilhamento, de forma simples, como um sistema "negocial" de consumo (*collaborative consumption*), no qual pessoas alugam, usam, trocam, doam, emprestam e compartilham bens, serviços, recursos ou *commodities*, de propriedade sua, geralmente com a ajuda de aplicativos e tecnologia online móvel, com a finalidade de economizar dinheiro, cortar custos, reduzir resíduos, dispêndio de tempo, ou a imobilização de patrimônio ou melhorar as práticas sustentáveis e a qualidade de vida em sua região. São relações de confiança, geralmente contratuais, a maioria onerosa (de bicicletas nas cidades verdes, até carros, estadias e as mais "comerciais", como o Uber, Cabify, Airbnb, Zipcar etc.), sendo gratuito o uso do aplicativo, mas paga uma porcentagem do "contratado" ao guardião da tecnologia online, podendo também, às vezes, tomar a forma cooperativa, de *crownfunding* ou de doação de pequena monta ou trocas gratuitas (livros em táxis etc.).

A autora também observa que a estruturação desses negócios na internet se configura tanto no sistema *peer to peer* (P2P) quanto no modelo *business to business* (B2B), ou seja, entre pessoas não profissionais e entre empresários. É comércio, é consumo, é uma maneira nova de consumir.

Podemos concluir, com base no art. 3º do CDC, que o intermediário, a plataforma que permite o contato entre particulares e entre empresas, enquadra-se no conceito de fornecedor:

> Art. 3º Fornecedor é toda pessoa física ou jurídica, pública ou privada, nacional ou estrangeira, bem como os entes

despersonalizados, que desenvolvem atividades de produção, montagem, criação, construção, transformação, importação, exportação, distribuição ou comercialização de produtos ou prestação de serviços. (Brasil, 1990)

Cláudia Lima Marques (2004) reforça esse entendimento, inclusive, nomeando esses fornecedores de "guardiões de acesso", os *gatekeepers*, expressão que consta do art. 10 do Marco Civil da Internet, cujo parágrafo 1º define provedor:

> Art. 10. A guarda e a disponibilização dos registros de conexão e de acesso a aplicações de internet de que trata esta Lei, bem como de dados pessoais e do conteúdo de comunicações privadas, devem atender à preservação da intimidade, da vida privada, da honra e da imagem das partes direta ou indiretamente envolvidas.
>
> § 1º O provedor responsável pela guarda somente será obrigado a disponibilizar os registros mencionados no caput, de forma autônoma ou associados a dados pessoais ou a outras informações que possam contribuir para a identificação do usuário ou do terminal, mediante ordem judicial, na forma do disposto na Seção IV deste Capítulo, respeitado o disposto no art. 7º. (Brasil, 2014)

Ainda de acordo com Cláudia Lima Marques (2017, p. 253):

> Em outras palavras, estas relações que são de consumo, apesar de poderem estar sendo realizadas entre duas pessoas leigas e não em forma profissional, deixam-se contaminar por

este outro fornecedor, o fornecedor principal da economia do compartilhamento, que é organizada e remunerada: o guardião do acesso, o *gatekeeper*. Isto é, eu só posso contactar esta pessoa que vai me alugar sua casa ou sofá por uma semana, se usar aquele famoso aplicativo ou site, só posso conseguir rapidamente um transporte executivo, se tiver aquele outro aplicativo em meu celular etc. O guardião do acesso realmente é aquele que abre a porta do negócio de consumo, que muitas vezes ele não realiza, mas intermedeia e por vezes coordena mesmo o pagamento (*paypal*, e eventualmente, os seguros etc.), como incentivos de confiança para ambos os leigos envolvidos no negócio.

Obviamente, o "guardião de acesso" é remunerado pelo serviço que presta, ou seja, colocar as partes em contato para a formalização de um contrato. No caso da economia do compartilhamento, o pagamento é em comissão (10%, 20%, 30%), que, às vezes, é paga pelo comprador, como nos *sites* de leilões e de vendas de coisas usadas e no caso de quem aluga uma casa no Airbnb; às vezes, é paga pelo "fornecedor", como os motoristas da Uber para a própria Uber, um aplicativo que intermedeia os serviços de transporte privados (Marques, 2017).

Sendo remunerado, o intermediário de acesso atrai para ele o dever de garantir a segurança e a qualidade da conexão entre as partes, portanto é impossível não identificar, nas hipóteses de economia compartilhada, uma rede de contratos. Novamente nas palavras de Cláudia Lima Marques (2017, p. 258):

A pluralidade inicia no próprio aplicativo. O App é que viabiliza (junto a dois portos ou celulares ou tablets) esta ligação *Peer to Peer*. Apps são aplicativos ou pequenos programas (software) que têm como finalidade expandir/complementar as funções dos Smartphones (celulares) e Tablets (computadores pessoais), hoje também *smart devices*, como relógios, óculos, até chegar a automóveis e casas. Interessante que o aplicativo é um elemento digital, que é feito para uma plataforma de software (Android da Google ou Apple). O aplicativo é feito para rodar em hardwares (celulares), sem ser desenvolvido, pelo fabricante do hardware ou pelo do software principal do celular, e é uma extensão falsamente terceira. O App mesmo é uma extensão, geralmente gratuita, que terá um autor dos códigos, mas que será negociado por outro fornecedor intermediário/comissionário e, assim, será necessária uma quarta loja, para encontrar seus milhões de consumidores (Appstore, por exemplo, da Google ou da Apple), que é a verdadeira "guardiã" dos aplicativos ali vendidos sob o manto de sua marca e de seus códigos base. E, na economia do compartilhamento, os aplicativos são só as estradas (*highways*) por onde passam os contratos, como pontes entre os consumidores e fornecedores, sustentadas pelos pilares, da Internet.

A respeito da formação de redes contratuais, já apontamos que

> se a formação de redes de fornecedores se justifica principalmente na divisão dos riscos e vicissitudes do negócio, é certo que, tais riscos, em momento algum, poderão ser transferidos

ao consumidor, parte vulnerável na cadeia, e que, muitas vezes, sequer tem noção da existência de uma cadeia de fornecedores. (Baggio, 2014, p. 37)

Portanto, uma vez que o guardião de acesso faz parte da cadeia de fornecimento de um produto ou serviço, responde de maneira solidária ao prestador, mesmo nas hipóteses de contratos realizados entre duas pessoas físicas.

A seguir, faremos uma breve análise de um *case* bastante exemplificativo da importância de se compreender a economia compartilhada.

O caso Uber

Discussão importante sobre regulação e inovação aconteceu no Brasil no tocante ao aplicativo Uber. Como explica o professor Daniel Sarmento (2015, p. 1), esse aplicativo é, na verdade, "uma plataforma tecnológica que permite estabelecer a conexão entre motoristas profissionais e pessoas interessadas em contratá-los". Trata-se de um exemplo daquilo que se tem chamado de *tecnologias disruptivas*, ou seja, tecnologias que trazem novidades aptas a desestabilizar mercados até então sólidos.

A platadorma Uber é conhecida por seu uso massivo em *smartphones* e tecnologias *peer to peer* (P2P), que permitem aproximar as pessoas, fomentando o que se chama também de *economia compartilhada*, ou *colaborativa*, altamente aprovada pela sociedade, mas gerando grandes debates sobre seus desafios jurídicos.

As tecnologias P2P são aquelas em que existe o encontro de pessoas que desejam oferecer seus produtos e serviços diretamente àquelas pessoas que desejem consumi-los, eliminando-se da cadeia de fornecimento do produto ou serviço a figura do intermediário.

Como exemplificam Salman e Fujita (2018), no caso do transporte, em vez de a pessoa dirigir-se até uma locadora de automóveis, ela pode firmar a transação diretamente com o condutor por meio de um aplicativo. Os mesmos autores também se utilizam do exemplo de outro aplicativo de sucessos, o AirBnb. Ao alugar quartos ou apartamentos pela AirBnb, por exemplo, é possível fazer a locação diretamente com o proprietário do imóvel, em vez de uma imobiliária ou hotel.

O caso Uber é um bom exemplo da necessária atuação do Estado na regulação das atividades inovadoras. Logo que o aplicativo surgiu no Brasil, um forte movimento por parte dos taxistas buscava boicotar o uso do aplicativo pela população.

— 1.4 —
Classificação do comércio eletrônico considerando a plataforma de acesso

A classificação a seguir é bastante moderna e considera a evolução do comércio eletrônico desde o seu nascimento, sendo merecedora de atenção.

— 1.4.1 —
Mobile commerce, ou m-commerce

Como o próprio nome explica, o *m-commerce*, ou *mobile commerce*, é o comércio realizado por meio de *smartphones* e *tablets*. Como indica o blog Nação Digital (2019),

> Segundo o primeiro relatório Webshoppers, de 2019, sete em cada dez brasileiros possuem um *smartphone*, e as compras *on-line* feitas por meio de dispositivos móveis já somam 42,8% do total. Essa marca foi conquistada graças à popularização tanto dos aparelhos quanto da tecnologia de internet móvel, como o 3G e 4G.

— 1.4.2 —
Social commerce, ou s-commerce

O *s-commerce* é o comércio eletrônico cuja plataforma é uma rede social. Como explica Moraes (2017), *social-commerce* "é um tipo de comércio eletrônico que se utiliza das atribuições peculiares das redes sociais para agregar consumidores e realizar vendas".

Nesse caso, é possível citarmos redes sociais como Twitter, Pinterest, comentários em *blogs* feitos por influenciadores digitais, *sites* de avaliação de empresas e produtos, ou seja, é característica do *s-commerce* a interação entre os consumidores. Moraes (2017) explica que a base desse comércio é bastante abrangente e abarca compartilhamentos, comentários, curtidas, avaliações, comparações, depoimentos, resenhas e, inclusive, reclamações sobre um produto ou serviço.

Nesse caso, ressaltamos a importância da geração de conteúdos pelos próprios consumidores.

— 1.4.3 —
Comércio eletrônico próprio do Facebook, ou F-*commerce*

O Facebook é uma das redes sociais que disponibiliza uma loja virtual dentro de sua própria plataforma. Para as empresas que já têm uma página no Facebook, basta vincular o perfil da *fanpage* à sua loja. Depois, é preciso cadastrar os produtos ou serviços, os valores, as fotos e outras informações adicionais de sua preferência. O Serviço Brasileiro de Apoio às Micro e Pequenas Empresas (Sebrae) destaca como principais recursos do *f-commerce* a facilidade de comunicação com os clientes e o fato de que estes podem marcar amigos nos comentários sobre o produto. Ainda, é possível dispor os produtos em diferentes categorias, as quais ficam disponíveis para os consumidores, e a ferramenta possibilita que se verifiquem o número de visualizações, de cliques e de compras de cada produto (Sebrae, 2021).

— 1.4.4 —
Sites de compras coletivas como redes sociais de consumo

Definidas como serviços prestados pela internet que possibilitam aos usuários gerar um perfil público, alimentado por dados e informações pessoais, por meio de ferramentas que permitam a interação com outros usuários, afim ou não ao perfil publicado, as redes sociais *on-line* podem ajudar a reforçar a padronização das relações de consumo em razão de seu uso intenso (Baggio, 2015b).

Danilo Doneda (citado por Baggio, 2015b, p. 28) explica que

> é possível afirmar a existência de duas espécies de redes sociais: a) as redes sociais próprias ou generalistas, sendo o seu maior atrativo a formulação de perfil próprio por seus usuários para interação com outros usuários, como no caso do Facebook, Instagram, e outras, e b) as redes sociais impróprias, como é o caso das redes sociais dos sites de comércio eletrônico, que existem em função de outro serviço. Também as redes impróprias podem ser classificadas de duas formas, como é o caso daquelas cujas existências gravitam em torno da existência de determinados conteúdos, como o You Tube, e as redes sociais profissionais, como o Linkedin. Como exemplo de redes impróprias tem-se os sites de compras coletivas, voltadas para o consumo, e sua principal característica é a mediação da comunicação e da informação entre consumidores e fornecedores.

Por sua vez, Daiton Felipini (citado por Baggio, 2015b, p. 28-29) afirma que,

> de maneira simplificada, o funcionamento de um *site* de compra coletiva pode ser assim explicado: o fornecedor realiza uma promoção e contata o *site* de compra coletiva, que divulga a oferta, delimitando-se um número mínimo de compradores para a manutenção da oferta. A ideia é (ou deveria ser) que o preço do produto ou serviço seja menor, uma vez que será adquirido por um número maior de pessoas.

E continua Felipini (citado por Baggio, 2015, p. 28-29) esclarecendo que, assim,

> o fornecedor pode reduzir a margem de lucro sobre o preço do produto ou do serviço, pois o seu lucro será resultado da venda em quantidade. O consumidor cadastra-se junto ao *site* de compra coletiva, adquire o produto ou serviço, tendo por base a oferta veiculada pelo *site* de compra coletiva, e, portanto, as informações que este último lhe fornece. Após o pagamento, que é realizado pelo próprio *site*, libera-se ao consumidor um cupom, que serve para comprovar a transação, no qual é descrito o produto e as condições para sua entrega ou para utilização do serviço. Este cupom fica à disposição do consumidor no próprio *site* de compra coletiva. Perceba-se, portanto, que é o *site* o responsável pela divulgação da oferta e pela formalização da transação, é no *site* que estão disponíveis ao consumidor todas as informações necessárias para

que a relação de consumo se materialize. Por óbvio, o site é devidamente remunerado por essa atividade, recebendo um percentual sobre a venda realizada. (Baggio, 2015b, p. 28-29)

Essas orientações se reforçam no tocante às compras coletivas, nascendo, portanto, a responsabilidade dos sites de compras coletivas diante dos consumidores para proteção da confiança. É certo que a proteção à vulnerabilidade do consumidor é fundamentada na proteção à confiança que este deposita nos vínculos que formaliza no mercado de consumo.

Por fim, o legislador brasileiro já andou largos passos para a regulamentação das relações de consumo realizadas via internet, a exemplo do Decreto n. 7.962, de 15 de março de 2013[1], que determina, em seu art. 3º, que os sites de compras coletivas ou modalidades análogas de contratação deverão conter, em suas páginas, informações a respeito da identificação do fornecedor responsável pelo sítio eletrônico e do fornecedor do produto ou do serviço ofertado.

É importante notarmos que o decreto em questão privilegiou o direito do consumidor à adequada informação e preocupou-se em prevenir danos aos consumidores nas relações realizadas por meios de sites de compras coletivas e análogos, como é o caso

---

1 "Art. 3º Os sítios eletrônicos ou demais meios eletrônicos utilizados para ofertas de compras coletivas ou modalidades análogas de contratação deverão conter, além das informações previstas no art. 2º, as seguintes: I - quantidade mínima de consumidores para a efetivação do contrato; II - prazo para utilização da oferta pelo consumidor; III - identificação do fornecedor responsável pelo sítio eletrônico e do fornecedor do produto ou serviço ofertado, nos termos dos incisos I e II do art. 2º." (Brasil, 2013)

do *marketplace*, mas, em momento algum, afastou expressamente a responsabilidade dos partícipes da cadeia de fornecimento quanto ao adequado tratamento àquele tido como vulnerável na relação.

— 1.4.5 —
Marketplace como plataforma de acesso ao comércio eletrônico

O *marketplace* é um fenômeno importante na atualidade do comércio eletrônico e se apresenta em forma de redes sociais de consumo. O *marketplace* é uma espécie de *social commerce* e se trata de um lugar de vendas eletrônico; na prática, funciona como um *shopping on-line*.

O consumidor tem à sua disposição produtos e serviços oferecidos por vários vendedores. Em uma única plataforma, o consumidor pode verificar as ofertas, os preços e pagar pelos produtos e serviços como se aquele fosse um único estabelecimento comercial. Em contrapartida, o *site* cobra dos fornecedores uma comissão pelas transações. O *site* de *marketplace* não atua diretamente na venda do produto, mas como vitrine, como expositor de marcas diversificadas, de fornecedores diferentes. O consumidor, todavia, não consegue perceber claramente essa situação porque quem se identifica como fornecedor é a marca do *marketplace*, como Americanas.com, MercadoLivre.com, Dafiti.com etc.

O desafio que se apresenta é identificar se existe responsabilidade do site de marketplace perante o consumidor por danos causados pelo fornecedor vendedor, resultantes, por exemplo, de problemas na entrega, na qualidade do produto, nas especificações do produto ou outros.

Seria o site ofertante, que fornece ua plataforma para o vendedor, responsável pelos danos causados aos consumidores que acessaram a plataforma e adquiriram produtos de outros fornecedores? A resposta só pode ser positiva, situação, inclusive, já reconhecida pelo Poder Judiciário.

Como explica Tiago Angelo (2020), com base em decisão do Juiz Raphael Nardy Lencioni Valdez, da 6ª Vara Cível de Santo Amaro, São Paulo, "a plataforma que hospeda vendedores menores tem responsabilidade sobre produtos defeituosos vendidos em seu site". No caso em questão, a plataforma de marketplace das Lojas Americanas foi condenada, solidariamente com um vendedor que utilizava seu serviço, a indenizar o consumidor.

Em sua decisão, o magistrado, citado por Angelo (2020), afirma peremptoriamente que,

> no inadimplemento por parte da empresa pequena, embora o consumidor não tenha contratado com qualquer braço da grande varejista, a confiança depositada na relação faz surgir a responsabilização solidária de todos os envolvidos. É nesses termos contextuais que há de se compreender a ideia de solidariedade na cadeia de fornecedores.

Ramom Bouzo (2021), em texto que trata do *marketplace* no período da pandemia de covid-19, compartilha decisão sobre a responsabilização da plataforma de *marketplace* no Recurso Inominado n. 00273321720198030001, do Tribunal de Justiça do Amapá, em um caso de vendas de passagens aéreas. O autor explica que, no caso em questão, o magistrado entendeu pela responsabilidade solidária entre a plataforma que colocou a passagem à venda e a companhia aérea. Vale transcrever o conteúdo da decisão:

> Recurso inominado. Direito civil e do consumidor. Transporte aéreo de pessoas. Legitimidade e responsabilidade da empresa intermediadora da venda das passagens. Cancelamento de voo. Preliminar repelida. Danos materiais e morais configurados. Sentença mantida. 1) Não merece acolhimento a alegação de ilegitimidade passiva, posto que, no momento em que a recorrente colocou à venda as passagens aéreas de voos, se tornou responsável solidária, juntamente com a companhia de aviação aérea, pela reparação de eventuais danos decorrentes da falha na prestação de serviços. Corolários deste entendimento, são os artigos 7º, Parágrafo único, e 34, do Código de Defesa do Consumidor, que estabelecem com clareza a responsabilidade solidária entre o fornecedor de produtos ou serviços e seus prepostos ou representantes autônomos. 2) A responsabilidade civil da empresa que realiza a intermediação da venda das passagens aéreas é objetiva, haja vista que além de participar da cadeia de fornecimento dos serviços, aufere lucros com a sua atividade de intermediação, conforme disposto no

art. 14 do CDC, respondendo, assim, pelos danos ocasionados ao consumidor em razão de falha na prestação dos serviços. 3) Restou configurado o dano material na medida em que os autores efetuaram gastos de passagens e hospedagem para a viagem frustrada, devendo ser ressarcidas as despesas correlatas comprovadas. 4) Ultrapassa o mero dissabor cotidiano o cancelamento de voo, tendo em vista que os autores foram privados de realizar viagem de lazer, a qual demandou organização e preparos prévios, tão-somente pela falha na prestação dos serviços das rés, restando configurados os danos morais. O quantum indenizatório estabelecido na origem, a seu turno, não carece de reparos, atingindo a finalidade pedagógica e punitiva e, ao mesmo tempo, atendendo aos princípios da razoabilidade e proporcionalidade. 5) Recurso conhecido e não provido. Sentença mantida por seus próprios fundamentos. (Amapá, 2020)

Concluímos, portanto, que o comércio eletrônico, embora já não seja um fenômeno tão recente, revolucionou a forma de realizar transações comerciais no mundo todo. Esse é um caminho sem volta. Observamos, no horizonte, o domínio da internet sobre as nossas vidas e a exclusão social daqueles que, eventualmente, não tenham acesso ao comércio eletrônico.

A sociedade de consumo do século XXI é a sociedade do consumo intermediado pelas tecnologias. Atualmente, já não cabe mais tratar a internet como uma nova tecnologia, mas como o instrumento de mudança paradigmática mais importante para a compreensão das relações comerciais de hoje e do futuro.

Capítulo 2

Regulação do comércio eletrônico no Brasil

Elencamos, neste capítulo, a legislação aplicável às relações contratuais formalizadas via internet, ou seja, os contratos eletrônicos. Inicialmente, lembramos que os negócios jurídicos em geral, no Brasil, são regidos pelo Código Civil, Lei n. 10.406, de 10 de janeiro de 2002 (Brasil, 2002). É o Código Civil que trata dos requisitos de validade de todo negócio jurídico e, também, dos contratos eletrônicos. Todavia, há leis outras que podem ser aplicadas aos contratos eletrônicos, conforme passaremos a expor.

— 2.1 —
O Código de Defesa do Consumidor e o Decreto n. 7.962/2013

Como explica Cavalieri Filho (2011, p. 39),

> o Código de Defesa do Consumidor, Lei n. 8.078/1990, é aplicável aos consumidores e fornecedores que participam da relação jurídica de consumo, direcionando sua tutela para o elo mais fraco da relação, ou seja, o consumidor, que, em todo, é a parte considerada frágil por não ver o produto ou serviço fisicamente.

Como explicam Bessa e Moura (2014), embora seja aplicável ao comércio eletrônico, o Código de Defesa do Consumidor (CDC), por ser de 1990, não o regulamenta expressamente, motivo pelo qual, em 2013, foi editado o Decreto n. 7.962, com a finalidade específica de regulamentar o CDC, dispondo sobre o contrato eletrônico (Brasil, 2013).

O art. 1º do Decreto n. 7.962/2013 trata de alguns aspectos relevantes do comércio eletrônico, como é o caso da informação sobre o produto, detalhes sobre o serviço ofertado, destacando-se o **direito de arrependimento**. Já o art. 2º cuida de detalhar os tipos de informações que devem ser obrigatoriamente disponibilizadas aos consumidores (Brasil, 2013).

Como ressalta Teixeira (2015), de acordo com o art. 2º do referido decreto, os sites de comércio eletrônico ou de outros meios eletrônicos devem manter em destaque todos os dados necessários para sua identificação e localização, as informações detalhadas de modo de entrega e de pagamento, bem como as informações essenciais do bem, inclusive no que diz respeito a riscos à saúde e à segurança.

Por fim, Teixeira (2015) destaca que o direito de arrependimento, previsto no art. 5º do referido decreto, implicará rescisão dos contratos acessórios, sem ônus para o consumidor.

No Capítulo 4 desta obra, abordaremos mais detalhadamente toda a proteção que o Código de Defesa do Consumidor oferece aos consumidores.

— 2.2 —
Marco Civil da Internet: Lei n. 12.965/2014

Como explicam Marquesi, Lêdo e Sabo (2018, p. 258), a Lei n. 12.965, de 23 de abril de 2014, também conhecida como *Marco Civil da Internet*, já em seu art. 1º "estabelece princípios, garantias, direitos e deveres para o uso da Internet no Brasil, sendo, portanto, uma lei principiológica, determinando as diretrizes para atuação da União, dos Estados, do Distrito Federal e dos Municípios em relação à matéria".

Merece destaque o conteúdo do inciso XIII do art. 7º do Marco Civil da Internet, que dispõe expressamente acerca da aplicação das regras do CDC sempre que a relação firmada pela internet for uma relação de consumo (Brasil, 2014). Acrescentamos, também, que o Marco Civil da Internet é um importante instrumento de proteção à privacidade dos consumidores usuários, de tutela do direito à informação e do princípio da boa-fé que deve orientar todas as relações jurídicas, inclusive no ambiente digital.

Leitura atenta ao Marco Civil da Internet nos leva à conclusão de que esse diploma legal não se refere expressamente ao *e-commerce*, todavia, considerando que o objetivo dessa lei é regulamentar todos os fenômenos que ocorrem por intermédio da internet, não podemos negar, como bem explica Teixeira (2015, p. 82) que "entretanto, suas regras e princípios têm implicação direta em tudo o que ocorre na internet em âmbito brasileiro, inclusive o *e-commerce*, enquanto operações envolvendo a produção e a circulação de bens e serviços". O art. 3º do Marco Civil Da Internet cuidou de elencar, detidamente, os princípios aplicáveis ao uso da internet no Brasil. Vejamos o conteúdo do artigo mencionado:

> Art. 3º A disciplina do uso da internet no Brasil tem os seguintes princípios:
>
> I – garantia da liberdade de expressão, comunicação e manifestação de pensamento, nos termos da Constituição Federal;
>
> II – proteção da privacidade;
>
> III – proteção dos dados pessoais, na forma da lei;
>
> IV – preservação e garantia da neutralidade de rede;
>
> V – preservação da estabilidade, segurança e funcionalidade da rede, por meio de medidas técnicas compatíveis com os padrões internacionais e pelo estímulo ao uso de boas práticas;
>
> VI – responsabilização dos agentes de acordo com suas atividades, nos termos da lei;
>
> VII – preservação da natureza participativa da rede;
>
> VIII – liberdade dos modelos de negócios promovidos na internet, desde que não conflitem com os demais princípios estabelecidos nesta Lei. (Brasil, 2014)

Destacamos, da leitura do artigo mencionado, os princípios da neutralidade da rede, da liberdade de expressão e da privacidade, os dois últimos, inclusive, já previstos no texto constitucional brasileiro. Certamente o Marco Civil da Internet surge da tentativa do direito em regular um fenômeno que, apesar de todas as modificações positivas nos hábitos da sociedade, também pode ser utilizado como instrumento de violação a direitos e garantias individuais, protegendo-se dados pessoais e a forma como transitam pela rede.

— 2.3 —
O Projeto n. 281/2012 e a primeira tentativa de regulamentação do *e-commerce*

No dia 30 de setembro de 2015, o Senado Federal aprovou o texto do Projeto de Lei n. 281/2012 (Brasil, 2015b), cujo objetivo foi o de aperfeiçoar o CDC tratando, de maneira mais específica, do comércio eletrônico. O projeto traz as seguintes proposições:

> 1. Fixa-se o direito de arrependimento em até 7 dias após a entrega da mercadoria.
>
> 2. Caberá à Anac regular o direito de arrependimento com as passagens aéreas.
>
> 3. Os sites de compras coletivas serão responsáveis solidários em caso de problemas com a empresa parceira escolhida.
>
> 4. Spams e compartilhamento de dados só podem ocorrer se o consumidor for informado e autorizar.

5. Caso o consumidor receba algum e-mail de determinada empresa, no fim, ela deverá informar como conseguiu os dados.

6. A venda ou compartilhamento de dados de consumidores passa a ser considerada conduta típica penal. A pena prevista é de 3 meses a 1 ano de detenção, mais pagamento de multa.

7. Em caso de problemas de consumo com outros países, o foro a ser tratado a questão será o de domicílio do comprador. (Maia, 2015)

Apesar de sua importância, até a produção desta obra, em sua redação original, o projeto não saiu do papel. Todavia, é preciso salientar que muitos dos temas abordados pelo projeto tornaram-se objeto de outras normas, como é o caso do direito de arrependimento previsto no Decreto n. 7.962/2013, no Marco Civil da Internet (Lei n. 12.965/2014) e na Lei Geral de Proteção de Dados (Lei n. 13.709, de 14 de agosto de 2018 - Brasil, 2018).

Ainda carece de uma regulamentação específica e de interpretação inequívoca, por exemplo, o problema das relações de consumo entre consumidores e empresas situadas em outros países.

— 2.4 —
Lei Geral de Proteção de Dados no comércio eletrônico

No Brasil, a proteção da privacidade é princípio constitucional previsto pelos incisos X, XI e XII do art. 5º da Constituição Federal de 1988. A importância do direito à privacidade como direito fundamental gera muitas preocupações com o uso de dados privados de usuários da internet neste momento em que vivemos. Com o crescimento do comércio eletrônico e do uso de redes sociais, o trânsito de informações pessoais passou a ser objeto de cobiça por parte de grandes empresas que concebem, na coleta e na transferência de dados pessoais de usuários das redes, um excelente negócio.

Todavia, como afirmam Maria Eugenia Finkelstein e Claudio Finkelstein (2020, p. 290),

> É nosso entendimento que a comercialização dos dados coletados pelos sites para outros fins, para empresas comerciais ou de prestação de serviços não coligadas à empresa que os coletou, merece maior atuação do Direito em defesa dos usuários e de sua privacidade. Este tipo de comércio é um claro caso de violação de privacidade, que caracteriza uma não observância aos direitos e garantias fundamentais da pessoa. Neste sentido e em resposta a esta necessidade, veio a Lei Geral de Proteção de Dados (LGPD).

A Lei n. 13.709/2018, conhecida como Lei Geral de Proteção de Dados Pessoais (LGPD), regulamenta a forma de tratamento dos dados pessoais no Brasil.

A aplicação e a previsão da LGPD, bem como o conceito de dado pessoal, são assim especificados:

> Art. 3º Esta Lei aplica-se a qualquer operação de tratamento realizada por pessoa natural ou por pessoa jurídica de direito

público ou privado, independentemente do meio, do país de sua sede ou do país onde estejam localizados os dados [...]

Art. 4º [...]

§ 1º O tratamento de dados pessoais previsto no inciso III será regido por legislação específica, que deverá prever medidas proporcionais e estritamente necessárias ao atendimento do interesse público, observados o devido processo legal, os princípios gerais de proteção e os direitos do titular previstos nesta Lei.

[...]

Art. 5º Para os fins desta Lei, considera-se:

I – dado pessoal: informação relacionada a pessoa natural identificada ou identificável;

II – dado pessoal sensível: dado pessoal sobre origem racial ou étnica, convicção religiosa, opinião política, filiação a sindicato ou a organização de caráter religioso, filosófico ou político, dado referente à saúde ou à vida sexual, dado genético ou biométrico, quando vinculado a uma pessoa natural;

III – dado anonimizado: dado relativo a titular que não possa ser identificado, considerando a utilização de meios técnicos razoáveis e disponíveis na ocasião de seu tratamento; (Brasil, 2018)

No que interessa diretamente ao comércio eletrônico e à utilização dos dados dos usuários, o art. 10, parágrafo 1º, determina que somente os "dados pessoais estritamente necessários para a finalidade pretendida" poderão ser tratados (Brasil, 2018). No parágrafo 2º do mesmo artigo, exige-se do controlador a adoção de "medidas para garantir a transparência do tratamento de dados baseado em seu legítimo interesse" (Brasil, 2018).

Para que os dados possam ser tratados, é necessário o consentimento dos usuários, obtido por meio de um contrato ao qual o usuário adere, chamado de **Termo de Condições e Política de Privacidade**. Atualmente, para dar seguimento ao acesso a qualquer plataforma de compras pela internet, o consumidor deve aceitar o Termo de Condições e Política de Privacidade, pois, caso não aceite, embora o acesso possa ser possível, as funcionalidades provavelmente ficarão comprometidas (Hackerott, 2021).

Do mesmo modo que o art. 7º, inciso VII, do Marco Civil da Internet (Brasil, 2014), o art. 5º, inciso XII, da LGPD prevê que o consentimento deve ser manifestado de forma livre, informado e inequívoco (Brasil, 2018).

O art. 15 da LGPD também merece menção, pois determina que os dados coletados dos usuários das redes não podem permanecer armazenados por prazo indeterminado:

> Art. 15. O término do tratamento de dados pessoais ocorrerá nas seguintes hipóteses:
>
> I – verificação de que a finalidade foi alcançada ou de que os dados deixaram de ser necessários ou pertinentes ao alcance da finalidade específica almejada;
>
> II – fim do período de tratamento;

III – comunicação do titular, inclusive no exercício de seu direito de revogação do consentimento conforme disposto no § 5º do art. 8º desta Lei, resguardado o interesse público;

IV – determinação da autoridade nacional, quando houver violação ao disposto nesta Lei. (Brasil, 2018)

Também o consentimento dado pelo titular, conforme ditado pelo art. 8º da LGPD, pode ser revogado a qualquer momento, por procedimento gratuito e facilitado, mas o art. 16 da mesma lei traz situações em que é permitida a conservação dos dados:

> Art. 16. Os dados pessoais serão eliminados após o término do seu tratamento, no âmbito e nos limites técnicos das atividades, autorizada a conservação para as seguintes finalidades:
>
> I – cumprimento de obrigação legal ou regulatória pelo controlador;
>
> II – estudo por órgão de pesquisa, garantida, sempre que possível, a anonimização dos dados pessoais;
>
> III – transferência a terceiros, desde que respeitados os requisitos de tratamento de dados dispostos nesta Lei;
>
> IV – uso exclusivo do controlado, vedado seu acesso por terceiros, e desde que anonimizados os dados. (Brasil, 2018)

Assim, é inegável que caberá às empresas de *e-commerce* manter uma política transparente de coleta, utilização e descarte de dados de seus usuários, em especial cuidado aos direitos fundamentais à privacidade e à intimidade.

— 2.5 —
Comércio eletrônico e diálogo entre as fontes normativas

Dada a pluralidade de fontes normativas a incidir sobre as relações jurídicas travadas no comércio eletrônico, é possível que algumas antinomias precisem ser afastadas. Sobre o assunto, e tratando da teoria da subsunção, Karl Larenz (1966, p. 154, tradução nossa) afirma que "ninguém mais pode afirmar seriamente que a aplicação das leis nada mais envolva do que uma inclusão lógica sobre conceitos superiores abstratamente formulados". Em outras palavras, é comum, na aplicação das normas jurídicas, que surjam conflitos aparentes de normas. No que se refere ao comércio eletrônico, por exemplo, pode surgir a dúvida acerca de qual ou quais leis deverão incidir sobre essas relações jurídicas: Código Civil, Código de Defesa do Consumidor, Marco Civil da Internet, Lei Geral de Proteção de Dados? Nesse caso, todas essas normas são aplicáveis ao comércio eletrônico.

Aliás, a técnica legislativa típica do século XX, que é o legislar por cláusulas gerais, traz ao aplicador do direito novos desafios na solução dos conflitos da modernidade. Francisco dos Santos Amaral Neto (2003, p. 17) assim explica:

> O sistema de cláusulas gerais constitui um modelo que promove uma ruptura com o sistema que prevaleceu até meados do Século XX, em que a segurança jurídica residia na positivação do direito por meio de normas escritas que buscavam

tutelar todas as relações jurídicas existentes na sociedade. [...] As cláusulas gerais são preceitos jurídicos vazios e incompletos que, graças à sua generalidade e abstração, podem abranger um vasto grupo de situações de modo lacunar e com a possibilidade de ajustamento a uma consequência jurídica.

Marquesi, Lêdo e Sabo (2018, p. 768, grifos do original), para tratar do tema das antinomias no direito, esclarecem o que entendeu Norberto Bobbio,

> num primeiro momento, acreditou-se que os critérios de solução de conflito aparente de antinomias de normas seriam suficientes: *lex posterior derogat priori, lex superior derogat inferior* e *lex specialis derogat generali*, ou seja, o critério da cronologia, pelo qual lei posterior derroga lei anterior; o critério da hierarquia, onde lei hierarquicamente superior derroga lei inferior; e o critério da especialidade, segundo o qual lei especial derroga lei geral.

Cláudia Lima Marques (citada por Marquesi, Lêdo e Sabo, 2018, p. 769) entende pela necessidade de utilizar-se a chamada *teoria do diálogo das fontes*, elaborada por Erick Jaime[1], porque, em casos de antinomias entre o CDC e outras leis, a interpretação deverá ser no sentido de que o CDC se comunica com qualquer outra norma.

---

1   Sobre essa teoria, consultar: Marques (2012).

Como bem explicam Marquesi, Lêdo e Sabo (2018), com base em Claudia Lima Marques, o diálogo entre as fontes pode apresentar-se de três maneiras diferentes: a primeira possibilidade é a hipótese do diálogo sistemático de coerência, com a aplicação simultânea de duas leis, uma servindo de base conceitual para a outra; a segunda é por meio do diálogo de complementariedade, que ocorre quando uma norma complementa a outra; a terceira é o diálogo de influências recíprocas sistemáticas, que ocorre quando conceitos estruturais de uma lei são influenciados por outras leis.

Marquesi, Ledo e Sabo (2018, p. 769-770) apresentam exemplo interessante de conflito aparente de normas, que serve para ilustrar a aplicação da teoria do diálogo entre as fontes:

> Em relação à questão do prazo de guarda de registro (seis meses ou um ano) definidos no Marco Civil da Internet e o prazo prescricional (cinco anos) e inversão do ônus da prova previstos no Código de Defesa do Consumidor, como ficaria o provedor nos casos em que o consumidor promovesse a demanda judicial após o decurso do prazo de guarda dos registros, mas dentro do prazo prescricional previsto na lei consumerista? E ainda, como seria esse provedor capaz de ser incumbido do ônus comprobatório? Entende-se como solução mais adequada, utilizando-se do diálogo das fontes, mas não apenas com o seu caráter instituído por Cláudia Lima Marques, já mencionado, de proteção última à parte vulnerável, mas sim como solução adequada aos casos concretos.

Para os autores, e seguindo a lição de Cláudia Lima Marques, solução a ser adotada seria a teoria do diálogo entre as fontes, com a aplicação conjunta das duas leis, da seguinte forma:

1) Consumidor promove a demanda judicial contra o provedor dentro do prazo de guarda de registros estabelecido pelo Marco Civil da Internet: aplica-se o MCI juntamente com o CDC, devendo-se, neste caso, observados os requisitos legais, haver a inversão do ônus da prova. 2) Consumidor promove a demanda judicial contra o provedor após o prazo de guarda de registro estabelecido pelo Marco Civil da Internet: aplica-se o MCI juntamente com o CDC, porém, neste caso, desincumbido do arquivo dos registros, impossível seria a aplicação da inversão do ônus comprobatório, devendo este ônus recair sobre o consumidor. (Marquesi; Ledo; Sabo, 2018, p. 770)

Outra questão importante para o comércio eletrônico que envolve o Marco Civil da Internet, discutida brilhantemente por Marquesi, Ledo e Sabo (2018, p. 770), é a que segue:

1) Tratando-se de atuação de hackers ou crackers que ocasionem danos ao consumidor, o provedor de hospedagem e o provedor de conteúdo que dentre os serviços contratados por ele está a prestação de segurança de suas informações, serão responsabilizados somente caso não retirem o conteúdo danoso após notificado extrajudicialmente ou, na ausência desta, após ordem judicial (responsabilidade subjetiva), de acordo com o MCI. 2) Se o conteúdo for produto de crime, o provedor de conteúdo, apenas, responderá independentemente de notificação

ou ordem judicial prévia (responsabilidade objetiva), de acordo com o CC. 3) Se houver lucro ou vantagem econômica obtida diretamente do consumidor, o provedor de conteúdo, apenas, responderá independentemente de notificação ou ordem judicial prévia (responsabilidade objetiva), de acordo com o CDC. E, finalmente, 4) na impossibilidade de indisponibilização/retirada do conteúdo danoso, ou na impossibilidade de retorno da vítima ao estado anterior ao ato ilícito, o provedor de hospedagem e o provedor de conteúdo serão responsabilizados se comprovado que havia, no momento do dano, meios de segurança eficazes e disponíveis para evitá-lo. Portanto, é certo que a aplicação da Teoria do Diálogo das Fontes é um avanço para que se consiga tutelar de maneira eficiente as relações de consumo entabuladas no mundo pós-moderno. Diferente não seria em relação ao comércio eletrônico, aplicando-se, conjuntamente, o Marco Civil da Internet, o Código de Defesa do Consumidor e o Código Civil.

Várias são as fontes normativas a incidir sobre uma relação jurídica formalizada pela internet, seja ou não uma relação de consumo. Todavia, é inegável o fato de que a tecnologia e os avanços da ciência são muito mais rápidos do que a capacidade do direito de regulá-los. Aliás, pergunta que cabe aqui: Será que o direito terá a capacidade, em breve, de regulamentar todas as novidades que surgem das tecnologias digitais?

E mais: Será que essa regulação é necessária? Esse é um debate muito profundo, que não cabe nesta obra, mas que, certamente, merece um olhar dos pesquisadores do direito, especialmente, diante da velocidade das mudanças tecnológicas.

Capítulo 3

Comércio eletrônico e contratos eletrônicos

Indubitavelmente, é sobre a teoria dos contratos que as mudanças econômicas e tecnológicas deste milênio exercerão maior influência. Neste mundo novo que se apresenta ao homem do século XXI, todos os dias, contratos de compra e venda e de prestação de serviços são concretizados pela internet e por outros meios eletrônicos. Essa nova forma de fazer negócios, como já sabemos, é o comércio eletrônico, cujo instrumento é o contrato eletrônico.

O direito contratual, que já vinha enfrentando transformações importantes, resultantes da economia industrializada, preocupa-se também com as implicações jurídicas da economia informatizada, impulsionada pelos diversos meios de contratação a distância e conduzida por meios eletrônicos, pela internet ou via comunicação de massa.

A aceitação pelo direito da validade de vínculos contratuais por meio eletrônico e pela internet, certamente, representa uma das evoluções da quebra de paradigmas no direito contratual, com reflexos em todo o direito privado.

Inserido em um contexto em que a ideia privatista de contratação já não encontra abrigo, o contrato eletrônico aparece como uma ramificação da chamada contratação de massa, sendo, portanto, fortemente influenciada pelos novos conceitos de contrato e pelo denominado *contrato pós-moderno*.

O crescimento do comércio eletrônico e a difusão do uso dos contratos eletrônicos demandam uma reflexão a respeito dos efeitos de tamanho fenômeno sobre um dos institutos mais clássicos do direito, o contrato.

Com base nessa constatação e nas práticas diárias e usuais de circulação de riquezas, não podemos negar importância ao crescimento do número de relações negociais finalizadas pelos meios eletrônicos de comunicação, especialmente pela internet.

O direito contratual, como já salientamos, há muito vem enfrentando fortes transformações. Atualmente, já não se fala mais em contrato em termos de supremacia da vontade das partes, mas sim com relação à supremacia do interesse social, da boa-fé e da equidade.

O contrato, de acordo com a clássica teoria, e como já ensinava Enzo Roppo (1988), é um meio, por excelência, de operação econômica e, em sua concepção tradicional, trazida pela ciência jurídica do século XIX, tinha a autonomia da vontade como pedra angular. A formação do vínculo contratual estava, portanto, intrinsecamente relacionada a uma manifestação de vontade válida, sendo sua existência sem vícios, fator condicionante à formação, ou não, do vínculo contratual.

No entanto, com o surgimento de uma sociedade industrializada e, consequentemente, de consumo massificado, o contrato, até então protegido pelas raízes do liberalismo econômico, em que a manifestação de vontade era tida como soberana, passa a ser visto como um instrumento de realização do bem-estar social. Contrato justo, na nova visão do direito contratual pós--moderno, é aquele que pode ser cumprido, aquele que não onera excessivamente uma das partes e que, acima de tudo, respeita a boa-fé e a equidade.

Surgem, assim, nesse ínterim, novas técnicas de contratação conhecidas como **contratação em massa**, às quais se aplicam novos princípios contratuais, como o da boa-fé e o da equidade, e discute-se, ainda, a constitucionalização do direito contratual. O contrato passa a ser muito mais do que um instrumento de geração de riquezas, um verdadeiro instrumento de justiça social.

A atual sociedade de consumo, com seu sistema de produção e distribuição em grande quantidade, sofreu certa despersonalização e certa desmaterialização, e, entre as técnicas de conclusão dos atuais contratos de massa, temos os contratos de adesão, as cláusulas gerais dos contratos e os contratos eletrônicos.

Assim, os operadores do direito passam a debater questões como a definição de contrato eletrônico, suas formas e finalidades de celebração, seu valor jurídico e sua eficácia probatória, sua formação e adequação aos diplomas legais vigentes, e, principalmente, sua adequação ao contexto do contrato em seu conceito pós-moderno.

Se o direito contratual é moldado de acordo com as práticas sociais e o modelo econômico da época, bem como se o comércio eletrônico é uma realidade econômica presente, uma variável da globalização econômica, somente por meio do contrato eletrônico e seu estudo é que a teoria poderá adaptar-se a essa nova realidade.

— 3.1 —
Contrato e negócio jurídico

O contrato é o instrumento por excelência de realização de atividades econômicas. Como vimos anteriormente, o *e-commerce* nada mais é do que uma forma de concretização de negócios por meio do grande instrumento da era digital: a internet. Portanto, o comércio eletrônico se faz com base em negócios jurídicos bilaterais, com manifestação de vontade bilateral, no intuito de gerar e distribuir riquezas e realizar atividades econômicas. Isso significa dizer que o comércio eletrônico é movimentado pelos contratos eletrônicos. Cabe, portanto, neste ponto, uma breve análise dos conceitos tradicionais de negócio jurídico e de contrato, para, finalmente, construirmos um conceito de contrato eletrônico.

O direito civil conceitua o negócio jurídico como aquele fato jurídico que decorre da manifestação de vontade humana, em que se busca um determinado efeito prático. Para Miguel Reale (2017, p. 332), "negócio jurídico é aquela espécie de ato jurídico que, além de se originar de um ato de vontade, implica a declaração expressa de vontade, instauradora de uma relação entre dois ou mais sujeitos tendo em vista um objetivo protegido pelo ordenamento jurídico".

A doutrina, nesse sentido, explica que negócio jurídico se trata de um comando concreto ao qual o ordenamento jurídico reconhece efeito vinculante, valendo-se dizer que as obrigações previstas no contrato obrigam as partes não apenas porque resultam de sua manifestação de vontade, mas também porque há um verdadeiro interesse da sociedade na tutela dessas relações, em razão dos efeitos econômicos e sociais que produzem. Para Maria Helena Diniz (2002, p. 369),

> a grande maioria dos autores aceita a teoria objetiva de Bulow, segundo a qual o negócio jurídico funda-se na autonomia privada, ou seja, no poder de autorregulação dos interesses que contém a enunciação de um preceito, independentemente do querer interno. Apresenta-se então o negócio jurídico como uma norma concreta estabelecida pelas partes.

O Código Civil brasileiro desenvolve, a partir de seu art. 104, uma teoria do negócio jurídico, na qual aborda os requisitos de existência, validade e eficácia do negócio jurídico (Brasil, 2002). Vale lembrar o disposto no art. 104 do Código Civil:

> Art. 104. A validade do negócio jurídico requer:
> I – agente capaz;
> II – objeto lícito, possível, determinado ou determinável;
> III – forma prescrita ou não defesa em lei. (Brasil, 2002)

Como já afirmamos anteriormente, o instrumento por excelência de formalização de negócios jurídicos são os contratos. Sobre o conceito de contrato, Maria Helena Diniz (2008, p. 30) aduz que "contrato é o acordo de duas ou mais vontades, na conformidade da ordem jurídica, destinado a estabelecer uma regulamentação de interesses entre as partes, com o escopo de adquirir, modificar ou extinguir relações jurídicas de natureza patrimonial".

Nos clássicos ensinamentos de Orlando Gomes (2008, p. 102), "contrato é, assim, o negócio jurídico bilateral, ou plurilateral, que sujeita as partes à observância de conduta idônea à satisfação dos interesses que regularam".

Cabe ressaltar que, nesta obra, não temos por objetivo aprofundar a teoria dos negócios jurídicos e do direito contratual, mas sim tratar dos contratos eletrônicos como negócios jurídicos, o que faremos a seguir.

Inicialmente, é importante trazermos a este estudo o conceito puro de contrato, sugerido por Clóvis Beviláqua (1977), no livro *Direito das obrigações*, segundo o qual

> pode-se considerar o contrato como um conciliador dos interesses, colidentes, como um pacificador dos egoísmos em luta [...]. É certamente esta a primeira e mais elevada função social do contrato. E, para avaliar-se de sua importância, basta dizer que debaixo deste ponto de vista, o contrato corresponde ao direito, substitui a lei no campo restrito do negócio por ele regulado.

Assim, como adiante será exposto, o estudo dos contratos eletrônicos não foge de uma análise cuidadosa da teoria dos negócios jurídicos, seus requisitos de validade, sua existência e sua eficácia, acrescidas, é claro, as especificidades dos contratos eletrônicos.

— 3.2 —
Contratos eletrônicos

Como já afirmamos anteriormente e é importante reforçar, contratos são negócios jurídicos resultantes da manifestação de vontade bilateral das partes, com o objetivo de contrair obrigações e criar direitos. Alguns contratos exigem forma prescrita em lei, como é o caso do contrato de fiança, que deve ser formalizado por escrito, mas a grande maioria não exige das partes nenhuma formalidade para sua formação.

Contratos eletrônicos nada mais são do que contratos celebrados por meios digitais. Não se trata, portanto, de uma nova classificação contratual, mas de contratos formalizados por plataformas diferentes: não estão escritos em papel, não são verbais, mas se utilizam da internet para sua concretização.

Os contratos eletrônicos diferem pela nova forma de pactuar e pela disponibilização dos produtos na internet, ou envio por meio eletrônico, diferentemente das antigas práticas comerciais, pois estas eram, comumente, intermediadas por uma pessoa, ao passo que as transações eletrônicas, como bem observa Felipe Luiz Machado Barros (2000), são realizadas por intermédio de uma proposta em rede, sendo a expressão da vontade manifestada por um conjunto de dados.

No entanto, mesmo diante de suas peculiaridades, não se pode negar ao contrato eletrônico o conceito de contrato tradicional, aquele embasado no acordo de vontades, na conformidade da lei, uma vez que os pressupostos e os requisitos essenciais para sua validade são os mesmos já previstos pela legislação para a contratação por meio físico.

Novamente, vale citar Cláudia Lima Marques (2005, p. 97), em sua importante obra *Contratos no Código de Defesa do Consumidor*:

> Efetivamente, desde a década de 90, há um espaço novo de comércio com os consumidores, que é a *Internet*, as redes eletrônicas e de telecomunicações de massa. Trata-se do denominado 'comércio eletrônico', comércio entre fornecedores e consumidores realizado através de contratações à distância, as quais são conduzidas por meios eletrônicos ("*e-mail*" etc.), por *Internet* (*on line*) ou por meios de telecomunicações de massa (telemarketing, TV, TV a cabo etc.) sem a presença física simultânea dos dois contratantes no mesmo lugar (e sim a distância).

Cabe, portanto, ao direito, com auxílio dos recursos tecnológicos que possam vir a ser colocados à disposição de técnicos e especialistas, minimizar esses aspectos negativos dessa revolução comercial hoje observada, cujo crescimento é certamente inevitável.

Para Anderson Schreiber (2014, p. 91),

> o que se tem chamado de "contratos eletrônicos" nada mais são que contratos formados por meios eletrônicos de comunicação à distância, especialmente a internet, de tal modo que

o mais correto talvez fosse se referir a contratação eletrônica ou contratação via internet, sem sugerir o surgimento de um novo gênero contratual.

Alguns aspectos da contratação eletrônicas têm despertado maior atenção dos operadores do direito, tais como a formação dos contratos eletrônicos, sua adequação ao Código de Defesa do Consumidor, os contratos eletrônicos internacionais e outros temas que serão abordados a seguir.

— 3.3 —
Formas de contratação eletrônicas

Como já ressaltamos, os contratos eletrônicos são celebrados por meios eletrônicos, não só pela internet, mas também por qualquer outro meio de telecomunicação idôneo.

A contratação eletrônica pode ser automática, como sua própria denominação já explicita, ou então pode ser a chamada **contratação interpessoal**, estabelecida entre duas pessoas, via internet ou qualquer outro meio eletrônico.

Para esclarecer satisfatoriamente a questão, é interessante adotarmos o modelo de definições proposto por Marisa Delapiave Rossi (2000, p. 105) que divide as formas de contratação eletrônica em três categorias:

a) Contratações Intersistemáticas: as que se estabelecem entre sistema aplicativos pré-programados, sem ação humana, sendo a *Internet* o ponto convergente de vontades pré-existentes.

b) Contratações Interpessoais: aquela em que, previamente à contratação eletrônica, existe uma comunicação eletrônica para a formação da vontade e a instrumentalização do contrato, o qual é celebrado entre pessoas físicas ou jurídicas;

c) Contratações Interativas: a mais usual e frequente, vez que resulta de uma relação de comunicação estabelecida entre uma pessoa e um sistema previamente programado. É a usual contratação através de *sites*.

O direito prevê que, salvo quando a lei exigir expressamente forma para a celebração de um contrato, este, em regra, poderá adotar qualquer uma das formas não vedadas pela lei.

Logo, quaisquer das formas de contratação eletrônica ora transcritas são formas válidas de contratar. Em verdade, é certo que o contrato eletrônico difere da forma impressa de contratar, pois, além do texto, seu arquivo pode conter diversas outras informações, como as localidades por onde o documento passou na rede, as datas de suas alterações, as assinaturas digitais e demais mecanismos de proteção à sua integridade.

— 3.4 —
Formação do contrato eletrônico

Para a formação de toda e qualquer espécie de contrato, existem regras legais mínimas a serem seguidas pelas partes, sob pena de que a validade da relação por ele veiculada não seja reconhecida pelo mundo jurídico.

A formação de contratos válidos depende diretamente da existência de um acordo de vontades, formalmente concluído. Portanto, é necessário que analisemos, preliminarmente, a validade da manifestação de vontade expressa nos contratos eletrônicos.

Quando dos primeiros passos do uso da internet e do nascimento do comércio eletrônico, surgiu, em 1996, a Lei Modelo da Comissão Nacional das Nações Unidas para o Direito Comercial Internacional (United Nations Commission on International Trade Law–Uncitral). Essa norma serviu para que os legisladores do mundo todo pudessem entender e buscar parâmetros seguros para a regulamentação do comércio eletrônico. Assim, observamos que a própria lei, no Anexo 4, ao tratar da formação e da validade dos contratos firmados por meio eletrônico, em seu art. 11, dispõe que:

> Salvo disposição em contrário das partes, na formação de um contrato, a oferta e sua aceitação podem ser expressas por mensagens eletrônicas. Não se negará validade ou eficácia a um contrato pela simples razão de que se utilizaram mensagens eletrônicas para a sua formação. (Uncitral, 1996)

Não há contrato sem manifestação de vontade, a qual pode ser tácita, desde que a lei não exija a manifestação expressa. Nesse passo, é importante enfocar a questão de saber se a declaração de vontades emitida por meio dos comandos eletrônicos é válida ou não. Entende a melhor doutrina que a vontade pode ser manifestada de qualquer maneira inequívoca. Portanto, o meio eletrônico pode e deve sempre ser considerado hábil à formação do vínculo contratual, exigindo-se apenas que possamos identificar o agente produtor da manifestação volitiva.

Todavia, para delimitar com exatidão o momento da formação do contrato, é necessário verificarmos, preliminarmente, a modalidade da contratação, ou seja, se entre presentes ou se entre ausentes.

Considerando a formação do vínculo obrigacional pelo meio eletrônico como uma contratação entre presentes, a proposta será sempre obrigatória se imediatamente aceita, quando, então, conclui-se a fase negocial. Contudo, caso se considere tal espécie de surgimento de obrigações uma contratação entre ausentes, o vínculo contratual será considerado formado quando, após um prazo razoável, a aceitação for expedida, como dispõe o art. 434 do Código Civil (2002).[1]

---

1   "Art. 434. Os contratos entre ausentes tornam-se perfeitos desde que a aceitação é expedida, exceto: I – No caso do artigo antecedente; II – se o proponente se houver comprometido a esperar resposta; III – se ela não chegar no prazo convencionado." (Brasil, 2002)

Observemos que, comumente, a formação do vínculo contratual ocorre em três momentos distintos: 1) nas negociações preliminares; 2) no envio da proposta; 3) na aceitação.

Via de regra, as negociações preliminares correspondem ao momento de aproximação entre as partes, de sondagem e de conhecimento em relação ao objeto da contratação. O vínculo contratual, no entanto, apenas passará a existir com a aceitação da proposta pelo oblato (aquele a quem a oferta é feita).

O tema da formação dos contratos consta do Código Civil brasileiro a partir do art. 427. A doutrina civilista, como já ressaltamos, identifica duas formas básicas para formar os contratos em geral – entre presentes ou entre ausentes –, interpretação que decorre dos termos do art. 428 do Código Civil:

> Art. 428. Deixa de ser obrigatória a proposta:
>
> I – se, feita sem prazo a pessoa presente, não foi imediatamente aceita. Considera-se também presente a pessoa que contrata por telefone ou por meio de comunicação semelhante;
>
> II – se, feita sem prazo a pessoa ausente, tiver decorrido tempo suficiente para chegar à resposta ao conhecimento do proponente;
>
> III – se, feita a pessoa ausente, não tiver sido expedida a resposta dentro do prazo dado;
>
> IV – se, antes dela, ou simultaneamente, chegar ao conhecimento da outra parte a retratação do proponente. (Brasil, 2002)

Consideramos **entre presentes** o contrato firmado no local onde se encontram as partes no momento da oferta e de sua aceitação, e, **entre ausentes**, o contrato firmado quando proposta e aceitação partem de lugares geograficamente distintos.

No que diz respeito aos contratos formalizados verbalmente, ou mesmo quando o meio de sua concretização é o papel, não é difícil identificar quando um contrato será entre presentes ou entre ausentes.

Quando se trata de um contrato eletrônico, devemos considerá-lo um contrato entre pessoas presentes geograficamente no mesmo local ou um contrato entre pessoas distantes?

Observemos, com base na redação do art. 428, que a interpretação que podemos ter (se entre presentes ou se entre ausentes) faz com que a proposta perca, ou não, sua validade. Em outras palavras, obrigue ou não o proponente depois de determinado período.

Não há, contudo, consenso entre os juristas a respeito do assunto. Para Miriam Junqueira (2001, p. 23), "o contrato eletrônico será considerado entre presentes, nas situações de transmissão instantânea, e entre ausentes, nas situações em que a formação do vínculo é diferida no tempo".

No exame da formação do vínculo jurídico nos contratos eletrônicos, da mesma maneira que, para os contratos ditos tradicionais, adotamos a teoria da expedição, segundo a qual o vínculo se forma quando a proposta é expedida pelo proponente e este passa a não ter mais controle sobre sua manifestação de vontade.

De outra parte, caso se considere que a contratação por meio eletrônico gera espécie de contratação a distância, quanto ao momento de sua perfectibilização, há duas teorias: a primeira é a teoria da cognição, ou informação, para a qual o vínculo se forma quando o proponente tem o conhecimento da resposta do aceitante; a segunda é a teoria da agnição, ou declaração, que se divide em expedição e recepção.

Para a **teoria da agnição**, reputa-se concluído o contrato quando a proposta é aceita pelo contratante. Segundo a corrente da expedição, considera-se concluído o contrato no momento em que é expedida a correspondência contendo a resposta afirmativa. Já a corrente da recepção exige o recebimento por parte do proponente da resposta enviada pela outra parte.

Cumpre esclarecermos que tanto o Código Civil de 1916 (Lei n. 3.071, de 1º de janeiro de 1916) quanto o Código Civil de 2002 (Lei n. 10.406, de 10 de janeiro de 2002) adotaram como regra geral a teoria da agnição, segundo a corrente da expedição, conforme se depreende da redação do *caput* dos arts. 1.086 e 434 do novo Código Civil brasileiro (Brasil, 2002).

Ressalvamos, entretanto, os casos de retratação (Código Civil/2002, art. 433), ou de extemporaneidade na resposta, quando fixado prazo certo, ou quando há o comprometimento do proponente em aguardar a resposta (teoria da cognição).

Quando os contratos feitos pela internet são veiculados por *e-mails*, importa identificar o momento em que o *e-mail* é recebido: quando o provedor recebe o arquivo ou quando entrega a mensagem ao computador do contratado.

Felipe Luiz Machado Barros (2000), por sua vez, considera que as propostas feitas por *e-mail* sejam regidas pela **teoria da cognição**, ou seja, o contrato estará formalizado quando o proponente tiver conhecimento da resposta do aceitante. Como afirma o autor:

> Achamos ser mais conveniente, no caso da *internet*, que as propostas realizadas por e-mail sejam regidas pela **Teoria da Cognição**, pois existe uma forte probabilidade de a aceitação ser extraviada ou não chegar ao seu destino, que é a caixa de correio eletrônico do policitante. Isto ocorre, principalmente, quando são utilizados os famosos serviços de correio eletrônico gratuito [...], cujos provedores movimentam inúmeras contas de *e-mail*. No entanto, como dito, deverá haver, na proposta, menção expressa de que haverá, por parte do proponente, o comprometimento em esperar a resposta, devendo o seu recebimento ser, em caso de dúvidas, devidamente comprovado, pela data de "descarregamento" (ação mais conhecida por download, que consiste na baixa de arquivos no computador) na caixa de correios eletrônica. A falta de menção expressa do comprometimento importará em adoção da regra geral da Teoria da Agnição pela Expedição. (Barros, 2000, grifos do original)

Doutrinadores como Flávio Tartuce, Pablo Stolze Gagliano e Rodolfo Pamplona Filho criticam o fato de o Código Civil de 2002 não ter trazido regras referentes ao momento de formação dos contratos eletrônicos, inclusive, esses autores sugerem que o legislador deva editar legislação especial para tratar do assunto.

Todavia, o entendimento que nos parece mais adequado é o de que tanto o Código Civil quanto o Código de Defesa do Consumidor são aplicáveis aos contratos eletrônicos, portanto o problema do momento da formação do contrato eletrônico pode ser facilmente solucionado com as normas já existentes.

Fato é que existe divergência na doutrina a respeito do tema. Para Flávio Tartuce e Fernanda Tartuce (2004), os contratos eletrônicos, em regra, são formados por ausentes da seguinte forma:

> A realização de contratos via *e-mail* constitui contrato entre ausentes, tendo em vista que, tal como ocorre nas cartas, há uma diferença de tempo entre os contatos das partes. Pode inclusive revelar-se necessário algum tempo para esclarecer eventuais diferenças, já que a forma de comunicação exige o envio de informações que pode demorar, assim como pode demorar a resposta do destinatário, tal como se verifica nas cartas. Com isso, pode transcorrer um tempo maior para se refletir e até mais cuidado ao se realizar a proposta, que estará documentada no texto do *e-mail*. Estas circunstâncias absolutamente não são sentidas nas negociações entre presentes, em que as partes realizam suas tratativas "ao vivo".

No mesmo artigo, a respeito da controvérsia que aqui se coloca, os autores defendem que o contrato formado via internet seria, em regra, entre presentes, senão vejamos:

> Entendemos que o contrato cuja proposta se deu pela via eletrônica não pode ser considerado *inter absentes*, mas *inter*

presentes, não sendo aplicadas as duas teorias acima citadas. Isso, pelo que consta do art. 428, I, segunda parte, cujo destaque nos é pertinente: 'Considera-se também presente a pessoa que contrata por telefone ou por meio de comunicação semelhante'. Ora, a Internet convencional é meio semelhante ao telefone, já que a informação é enviada via linha. Aliás, muitas vezes, a Internet convencional é até mais rápida do que o próprio telefone. [...] Dessa forma, com todo o respeito em relação ao posicionamento em contrário, estamos inclinados a afirmar que, quando a proposta é feita pela via digital, não restam dúvidas que o contrato é formado entre presentes. (Tartuce; Tartuce, 2004)

Nem todo contrato eletrônico pode ser considerado apenas entre ausentes ou entre presentes. Como explica Sheila do Rocio Cercal Leal (2007), é preciso considerar a existência de uma importante classificação doutrinária que define que os contratos eletrônicos podem ser intersistêmicos, interativos e interpessoais.

Segundo explica a autora,

> contratos "intersistêmicos" são os contratos realizados entre máquinas, o sujeito ativo dessa relação jurídica é a máquina que, programada pelo seu dono, realiza o negócio jurídico já pactuado, e o sujeito passivo, outra máquina também programada pelo dono para que realize o que foi pactuado e firmado pelas partes. (Leal, 2007, p. 83)

Concluímos, portanto, que, quanto ao momento da sua formação, os **contratos intersistêmicos** são contratos formalizados entre presentes.

Já os **contratos interativos**, segundo Eurípedes Brito Cunha Júnior (2002), são aqueles contratos eletrônicos caracterizados pela interação da máquina com a pessoa humana. São os contratos que acontecem quando o consumidor acessa uma página de uma empresa para adquirir um produto, acessa uma página de *marketplace*, ou então faz uma compra por um aplicativo instalado em seu *smarphone*.

Nesses casos, parece óbvio que o contrato formado deve ser considerado uma contratação entre presentes.

Por fim, os contratos eletrônicos também podem ser classificados como **contratos interpessoais**, que resultam da troca de mensagens eletrônicas entre duas ou mais pessoas. Nesse caso, a comunicação entre os contratantes pode ocorrer via *e-mail* ou via aplicativos de conversa em tempo real, como WhatsApp e Messenger.

No caso dos contratos interpessoais, há dois pontos a serem observados. Inicialmente, seguimos o entendimento de Flávio Tartuce e Fernanda Tartuce (2004) de que os contratos formados por *e-mail* devem ser considerados contratos entre ausentes. De maneira diversa, os contratos eventualmente firmados pelo WhatsApp ou pelo Messenger devem ser interpretados entre presentes, já que a troca de mensagens entre as partes é simultânea.

Nesse ponto, surge a questão: Quando o contrato enviado por *e-mail*, ou seja, entre ausentes, deve ser considerado formado? Essa pergunta é conveniente quando atentamos para a redação do art. 434 do Código Civil, que assim dispõe:

> Art. 434. Os contratos entre ausentes tornam-se perfeitos desde que a aceitação é expedida, exceto:
>
> I – no caso do artigo antecedente;
>
> II – se o proponente se houver comprometido a esperar resposta;
>
> III – se ela não chegar no prazo convencionado. (Brasil, 2002)

Nesse caso, e para a melhor compreensão do tema abordado, adotamos o entendimento doutrinário apresentado na III Jornada de Direito Civil, nos termos do Enunciado 173, *in verbis*: "Art. 434: A formação dos contratos realizados entre pessoas ausentes, por meio eletrônico, completa-se com a recepção da aceitação pelo proponente" (Brasil, 2005, p. 59).

Assim, independentemente da teoria adotada para o reconhecimento do momento da formação do contrato, é certo que essa nova figura contratual não dispensa, de modo algum, a existência de manifestação de vontade válida para que se possa considerá-lo apto a produzir efeitos.

A seguir, analisaremos os requisitos de validade dos contratos eletrônicos.

— 3.5 —
Requisitos de validade do contrato eletrônico

Com relação aos requisitos de validade, os contratos eletrônicos em nada diferem de contratos não digitais. Sheila Leal (2007) considera objetos do contrato eletrônico todos os bens lícitos e possíveis, que tanto podem ser coisas corpóreas quanto bens imateriais, bem como serviços, alvo de interesse dos sujeitos, em torno dos quais convergem suas ações.

Para a autora, por óbvio, também o objeto da relação jurídica mantida pela internet deve ser lícito e possível, requisitos de validade exigidos para contratos realizados por todos outros meios, inclusive pela internet (Leal, 2007).

Ainda sobre a validade dos contratos eletrônicos, Maria Helena Diniz (2002, p. 427) afirma que "os requisitos objetivos na via eletrônica deverão ser: (a) lícitos, (b) suscetíveis de determinação, (c) de possibilidade física ou jurídica do objeto e (d) conteúdo econômico".

Maria Helena Diniz (2002) defende que a forma dos contratos eletrônicos é livre, depende da manifestação de vontade recíproca entre as partes, requerendo apenas um equipamento ou um meio de acesso à rede. Segundo a autora:

> o requisito formal da relação jurídica firmada no mundo virtual seria o uso de computador na formação e na forma que encontra o documento, pois nesse caso trata-se de documento

digital, possuindo conteúdo virtual, o que serve de base para comprovar o que foi negociado. (Diniz, 2002, p. 437)

Tecidas essas considerações sobre os contratos em geral e sobre os contratos eletrônicos, consideramos necessário analisar os elementos determinantes da validade de um contrato firmado por meio eletrônico. Conforme exposto anteriormente, por terem as mesmas características que os contratos comuns, aplicamos aos contratos eletrônicos os mesmos requisitos subjetivos de validade dos contratos em geral, ou seja, a presença de duas ou mais pessoas, a vontade livremente manifestada e a capacidade civil para o ato.

No entanto, é preciso observarmos que, nos contratos eletrônicos, ou formalizados por meio eletrônicos, difere o meio pelo qual é feito o acordo e a forma de entrega do objeto contratado, muitas vezes, ele é entregue pelo próprio computador, como ocorre com a venda e a entrega de programas que serão acessados por um dos contratantes em forma de *download*.

Para Rosana Ribeiro da Silva (1999), os contratos eletrônicos atendem a todos os requisitos de validade:

> Os requisitos subjetivos de validade dos contratos, que são: a existência de duas ou mais pessoas, por serem os contratos bilaterais; a capacidade genérica das partes contratantes para os atos da vida civil; aptidão específica para contratar; e consentimento das partes contratantes; são absolutamente passíveis de atendimento nos contratos eletrônicos, não existindo

aí qualquer barreira a esta forma de contratação. Por trás de seu computador, o usuário é uma pessoa real, de forma que, desde que possua capacidade para contratar, nada impede que, por meio daquele instrumento, contrate com quem quer que seja; são requisitos objetivos, por dizerem respeito ao objeto da contratação, os seguintes: objeto lícito; possibilidade física ou jurídica do objeto; determinação do objeto; e ser ele susceptível de valoração econômica. Aqui também não há empecilhos à aceitação dos contratos eletrônicos dentro da teoria geral das obrigações contratuais. Já os requisitos ditos formais requerem uma maior reflexão. Dizem, eles, respeito à forma pela qual o contrato deverá ser expresso. Atualmente a regra geral é a da liberdade das formas para a maioria das contratações, sendo as exceções previstas sempre expressamente na lei. A contrário senso, inexistindo lei que determine forma pré-estabelecida para um dado contrato, então será ele válido se levado a efeito sob qualquer forma não contrária ao direito.

— 3.6 —
Força obrigatória da proposta nos contratos eletrônicos

Muitas vezes, o contrato é considerado concluído ainda na fase da solicitação, ou oferta. Assim, são necessários alguns esclarecimentos a respeito da vinculação da oferta nas contratações por meio eletrônico, bem como é importante verificar o momento em que o contrato eletrônico é considerado concluído.

O Código Civil de 1916 dispunha que "a proposta de contrato obriga o proponente, se o contrário não resultar dos termos dela, da natureza do negócio, ou das circunstâncias do caso" (Brasil, 1916, art. 1.080). Essa disposição repete-se no art. 427 do atual Código Civil brasileiro (Brasil, 2002).

Também o Código de Defesa do Consumidor (Lei n. 8.078/1990), em seu art. 30, prevê que:

> toda informação ou publicidade, suficientemente precisa, veiculada por qualquer forma ou meio de comunicação com relação a produtos e serviços oferecidos ou apresentados, obriga o fornecedor que a fizer veicular ou dela se utilizar e integra o contrato que vier a ser celebrado. (Brasil, 1990)

Propostas apresentadas por empresas com sede fora do Brasil serão regidas pela lei de seus países de origem, salvo quando exista um acordo internacional de cooperação. Conforme já exposto, de acordo com o art. 428 do Código Civil, em seu inciso I, "a proposta feita à pessoa presente deixa de ser obrigatória se não é imediatamente aceita" (Brasil, 2002).

Contudo, em casos de contratação entre ausentes, a doutrina considera que há a desobrigação do proponente caso tenha decorrido tempo suficiente para lhe chegar a resposta de aceitação, ou não, do proposto, em não havendo prazo fixado para tal desiderato; caso não tenha sido expedida a resposta dentro do prazo dado; e se, antes da resposta ou simultaneamente, chegar ao conhecimento da outra parte a retratação do proponente (Brasil, 2002, art. 428, II a IV).

Fato é que surgem dúvidas acerca da simplicidade da questão de verificarmos o território em que são consumadas as relações jurídicas firmadas pela internet. No entanto, precisamos ter em mente que a procedência da proposta ou da aceitação será sempre perfeitamente identificável, muito embora possa ser difícil precisar a localização do computador utilizado na transação.

Portanto, no que diz respeito às regras sobre vinculação da oferta e da publicidade, o aplicador do direito deve lançar mão dos critérios de equidade na solução dos casos concretos que se lhes apresentem.

— 3.7 —
Princípios aplicáveis aos contratos eletrônicos

A teoria contratual pós-moderna, na qual se inserem os contratos eletrônicos, é repleta de princípios que servem para interpretação e melhor análise da formação de vínculos contratuais. Diante disso, nesta obra, optamos por tratar daqueles princípios considerados essenciais nas contratações realizadas pela internet.

Princípio da confiança

Partimos, nesta obra, de acordo com a professora Cláudia Lima Marques (2004, p. 32), que a confiança é fundamental no comércio eletrônico. A autora afirma que a confiança é um paradigma novo e importante para adaptar o direito, especialmente o direito do consumidor, a esse modo de comércio. O princípio da confiança é intrínseco às relações contratuais pelos conexos princípios da lealdade e da boa-fé objetiva, e cuja característica principal é constituir normas de conduta, entre os quais os deveres de informação e os de proteção aos legítimos interesses das partes.

Em trabalho sobre o tema, Luiz Edson Fachin (1998, p. 117) já tratou da importância da revalorização da confiança como valor tutelável no direito civil brasileiro:

> Expressando o abrigo jurídico de intenções e negociações tendentes à formação de um contrato, a confiança pode mostrar-se numa configuração jurídica de dupla possibilidade. De um lado, a conclusão de contrato por comportamento concludente, cujo rompimento unilateral afeta o interesse contratual positivo ou de adimplemento mediante a quebra do dever jurídico. De outra parte, ainda mais importante, a violação da confiança pode atingir o interesse negativo ou da boa-fé, gerando em ambas as hipóteses efeitos jurídicos, especialmente indenização, compreendendo-se danos emergentes e lucros cessantes.

Em trabalho anterior, já concluímos que "as expectativas razoáveis criadas pela confiança constituem fonte autônoma de obrigação, seja no plano extracontratual, contratual, pré-contratual, pós-contratual, e a quebra da confiança irá sem dúvidas gerar, no mínimo, o dever de indenizar" (Baggio, 2014, p. 22).

Princípio da boa-fé

O princípio da boa-fé objetiva surgiu no direito brasileiro como corolário da proteção à dignidade da pessoa humana, com vistas a servir de parâmetro para a avaliação dos resultados do contrato. Em outras palavras, o pacto firmado é apto a atender às legítimas expectativas daqueles que contratam e encontra seus fundamentos, inclusive, no sistema constitucional, já que surge para proporcionar a efetividade dos direitos fundamentais do homem no momento da contratação.

Na lição de Teresa Negreiros (1998, p. 187):

> A inserção do princípio da boa-fé neste contexto de transformação do direito dos contratos é indispensável na medida em que a sua aplicação importa, para usar a linguagem corrente – adiante questionada –, numa "limitação" à autonomia privada, seja no âmbito das restrições legislativas elaboradas com fundamento no princípio, seja, sobretudo, e de forma imediata, através da atuação judicial que, com base na boa-fé objetiva, impõe deveres às partes contratantes em franca desconsideração pela vontade manifestada por uma ou, até mesmo, por ambas as partes.

A boa-fé, a qual a teoria solidarista se remete como princípio geral do direito a informar, certamente, é a objetiva, princípio que, como já exposto anteriormente, nada mais é do que resultado da interpretação das obrigações à luz de ideias, como a proteção à vida, à dignidade, às legítimas expectativas das partes contratantes. Nesse ponto, seguimos a lição de Paulo Nalin (2001, p. 51), que observa, com propriedade, que "o atual prestígio da boa-fé decorre da compreensão do sentido complexo da relação jurídica obrigacional e da pluralidade de seus múltiplos deveres, que põe em evidência a necessidade de ser fiscalizado o comportamento do sujeito contratante".

O Código Civil de 2002, em seu art. 422, traz expressamente o princípio da boa-fé objetiva quando dispõe que os contratantes devem guardar a boa-fé e a probidade na conclusão do contrato e em sua execução (Brasil, 2002).

O princípio da boa-fé objetiva é resultado da intervenção estatal no direito contratual em razão da preocupação com a dignidade humana e da proteção à livre iniciativa e aos valores sociais do trabalho, intervenção necessária para garantir a igualdade entre as partes contratantes, mormente em virtude dos contratos de massa utilizados atualmente.

Princípio da informação

Observa-se a informação como dever principal, por exemplo, em contratos de prestação de serviços por profissionais liberais, como médicos, dentistas, naquelas hipóteses em que o consumidor realiza consultas periódicas para simples averiguação de seu estado de saúde, ou busca consultoria preventiva com advogados e contadores para descobrir possíveis implicações de uma contratação.

Em obrigações de meio, portanto, o dever de informar os possíveis resultados deverá ser respeitado pelo fornecedor, pois o profissional liberal pode ser responsabilizado por não ter informado seu cliente de modo correto e adequado (Miragem, 2009).

Princípio da transparência

O princípio da transparência é um desdobramento do direito de informação e visa assegurar ao consumidor a ciência daquilo que está assumindo. Essa plena ciência somente é possível mediante a informação pelo fornecedor de todos os dados necessários à tomada de decisão pelo consumo, ou não, do produto ou do serviço, de modo eficiente, com clareza e precisão.

Alcides Tomasetti Junior (1993, p. 53) afirma que a "transparência refere-se a uma situação informativa favorável à apreensão racional de sentimentos, impulsos e interesses, entre outros que são suscitados para interferir nas expectativas e comportamentos dos consumidores e fornecedores", portanto a importância da tutela ao consumidor está justamente na salvaguarda a essas legítimas expectativas criadas na relação de consumo.

Ao privilegiar o princípio da transparência como forma de proteção pré-contratual torna-se possível uma aproximação mais sincera entre as partes, afastando a possibilidade de danos resultantes do desconhecimento pela parte vulnerável sobre o conteúdo do contrato ou acerca de dados específicos do produto. Transparência, portanto, é a apresentação de dados claros e corretos sobre os produtos ou serviços, ou seja, a informação precisa a respeito do objeto apresentado.

— 3.8 —
Contratos eletrônicos de consumo e conflito de leis no espaço

A internet proporciona o fim das distâncias e das fronteiras nacionais. O comércio eletrônico e sua forma de contratação desconhecem fronteiras e ultrapassam os limites das jurisdições dos países. Daí a necessidade de verificarmos a questão da jurisdição a ser aplicada nas relações jurídicas assim formalizadas.

Para Omar Kaminski (2000), "quando a geografia e/ou a nacionalidade admitem que a disputa seja resolvida pelas leis de mais de uma nação, as leis, tratados e convenções internacionais têm caráter harmonizador. Porém, o conflito de normas torna-se gritante quando as leis das nações são conflitantes".

Kaminski (2000) ilustra, como exemplo de um conflito quanto à qual lei será aplicável, o fato de o funcionamento de cassinos ser proibido no Brasil, mas o internauta brasileiro poder apostar munido de seu cartão de crédito internacional.

Como indaga Kaminski (2000): Quando um comerciante ou empresa constrói seu *site* e o publica na internet, este estará sujeito à jurisdição de qual Estado?

Uma forma de solução dos conflitos é a obrigatoriedade da definição do foro de resolução dos conflitos nos contratos eletrônicos, bem como a inclusão de cláusula definindo a legislação aplicável na solução dessas controvérsias.

Imagine a seguinte situação: um consumidor brasileiro adquire, no Brasil, em um *site* de intermediação de venda de ingressos, um ingresso para um show em Portugal. O *site* em questão tem representação no Brasil, a página é em português e, portanto, para o consumidor, trata-se de uma empresa prestadora de serviços brasileira. Na data agendada, por motivos de força maior, o show não acontece. O consumidor, então, é orientado a aguardar instruções para o ressarcimento do valor do ingresso. Passados três dias, o consumidor recebe um *e-mail*, com a informação de que o ingresso deveria ser enviado para a empresa organizadora do evento, cuja sede é na Irlanda!

Surge, novamente, a pergunta que já colocamos anteriormente: Caso o consumidor não seja ressarcido e precise buscar o Poder Judiciário para reaver a quantia paga, onde deverá ser proposta referida demanda? E mais, qual a legislação aplicável ao caso?

No caso citado, sugerimos a aplicação da teoria do diálogo entre as fontes, já exposta anteriormente. Segundo essa teoria, as normas de sobre a relação de consumo deverão incidir em conjunto sobre a relação jurídica, optando-se, todavia, por aquela que seja mais favorável ao consumidor brasileiro, no caso, o Código de Defesa do Consumidor.

Por fim, com relação à jurisdição competente para análise das questões que envolvam contratos de consumo eletrônicos, o Código de Processo Civil – Lei n. 13.105, de 16 de março de 2015 – prevê a competência concorrente do Judiciário brasileiro para resolver questões que envolvam relações de consumo, conforme prevê seu art. 22:

> Art. 22. Compete, ainda, à autoridade judiciária brasileira processar e julgar as ações:
>
> I – de alimentos, quando:
>
> a) o credor tiver domicílio ou residência no Brasil;
>
> b) o réu mantiver vínculos no Brasil, tais como posse ou propriedade de bens, recebimento de renda ou obtenção de benefícios econômicos;
>
> II – decorrentes de relações de consumo, quando o consumidor tiver domicílio ou residência no Brasil;
>
> III – em que as partes, expressa ou tacitamente, se submeterem à jurisdição nacional. (Brasil, 2015a)

Portanto, caso os exemplos apresentados anteriormente fossem reais, poderia o consumidor, se precisasse buscar o Judiciário para reaver a quantia paga, propor sua demanda aqui no Brasil, sendo aplicável a legislação que lhe seja mais favorável, que pode ser, inclusive, o Código de Defesa do Consumidor brasileiro.

Conforme explica Itamar Arruda Júnior (2001), "verificando a existência de Tratado ou Convenção Internacional que discipline as relações de comércio com aquele país, e que seja o Brasil, signatário, aplicam-se as normas de proteção ao consumidor, podendo o mesmo processar o fornecedor no Brasil, ou no seu país de origem".

Ainda sobre esse tema, Itamar Arruda Júnior (2001) explica que:

> Outra situação que enseja a aplicação do Código do Consumidor, ainda que o fornecedor com o qual celebrou contrato tenha sua sede física no exterior, é a hipótese em que se apura a existência de filial, escritório de representação ou assistência técnica deste, em território nacional, hipóteses em que, responderão estes pelos danos causados por aquele, assim como por vícios que o produto apresente. [...] Entretanto, caso seja constatado que não há tratado ou convenção internacional acerca do tema, assim como, ausente qualquer escritório, representação ou assistência em território nacional, não há como pretender aplicar as disposições constantes do Codecon. Nestes casos, aplica-se às disposições constantes do Código Civil relativas à competência em razão do lugar, assim como as normas elencadas na Lei de Introdução àquele Diploma Legal, considerando-se o foro, nestes casos, como o local onde residir o proponente, portanto, no país em que estiver situado o seu estabelecimento físico.

De todo modo, entendemos que a interpretação e a aplicação do Código de Defesa do Consumidor sempre deve ser a mais favorável ao consumidor, o que concluímos com base na teoria do diálogo entre as fontes. Assim, uma vez feita uma contratação entre um consumidor brasileiro e um fornecedor estrangeiro, poderá o consumidor beneficiar-se da aplicação das normas protetivas do CDC e, de acordo com o Código de Processo Civil, promover a demanda.

Capítulo 4

Relação de consumo e comércio eletrônico

Como já ressaltamos aqui que o Código de Defesa do Consumidor tem como objetivo proteger as relações de consumo quando alguém adquire um produto ou serviço de um fornecedor como destinatário final. A maioria dos contratos eletrônicos é diretamente vinculada às relações de consumo, portanto as disposições do Código de Defesa do Consumidor são aplicáveis a essas relações.

— 4.1 —
Relações de consumo e conceito de consumidor

No Brasil, como já indicamos, o Código de Defesa do Consumidor, Lei n. 8.078, de 11 de setembro de 1990 (Brasil, 1990), é a principal norma regulamentadora das relações de consumo. Muito mais do que proteger o consumidor, seu fundamento é o reconhecimento da importância das relações de consumo na sociedade pós-moderna. O Código de Defesa do Consumidor visa, portanto, proteger essas relações para que não resultem em efeitos sociais negativos.

Nesse sentido é o entendimento de Antônio Carlos Efing (2004, p. 24), que assim se manifesta:

> todas as questões que dizem respeito a relações de consumo (ou relações jurídicas equiparadas às relações de consumo) receberam, com a edição do CDC, tratamento inovador,

justamente por seu objetivo ser o de regulamentar a relação de consumo, criando mecanismos para que se torne equilibrada, evitando a prevalência de um sujeito em detrimento do outro, assumindo o papel de equalizador da situação vulnerável dos consumidores em relação ao formatado poderio dos fornecedores.

Uma relação jurídica de consumo é formada, essencialmente, toda vez em que um consumidor e um fornecedor transacionam produtos ou serviços entre si. Ao regular as relações consumeristas, o Código de Defesa do Consumidor prescreve, no seu art. 2º, que o consumidor "é toda pessoa física ou jurídica que adquire ou utiliza produto ou serviço como destinatário final" (Brasil, 1990).

É importante destacar que a edição do Código de Defesa do Consumidor trouxe algumas escoras fundamentais para a proteção dos direitos consumeristas. Com foco no assim denominado *destinatário final*[1] – aquele que é destinatário último na aquisição de bens, direitos ou serviços –, o Código de Defesa do Consumidor estabeleceu os parâmetros para a proteção daqueles que, comumente, são a parte fraca da cadeia econômica, como já falamos.

---

1 Sobre destinatário final, Marques e Benjamin (2006, p. 83-84) definem que: "O destinatário final é o consumidor final, o que retira o bem do mercado ao adquirir ou simplesmente utilizá-lo (destinatário final fático), aquele que coloca um fim na cadeia de produção (destinatário final econômico) e não aquele que utiliza o bem para continuar a produzir, pois ele não é consumidor final, ele está transformando o bem, utilizando o bem, incluindo o serviço contratado no seu, para oferecê-lo por sua vez ao seu cliente, seu consumidor, utilizando-o no seu serviço de construção, nos seus cálculos do preço, como insumo da sua produção".

Existem três correntes doutrinárias distintas a tratar do conceito de relação de consumo, especialmente no que se refere ao conceito de consumidor e a aplicabilidade do CDC: 1) corrente maximalista; 2) corrente finalista[12]; 3) finalismo mitigado.

Para explicar a **corrente maximalista**, Antônio Carlos Efing (2004, p. 55) expõe:

> o CDC veio para introduzir nova linha de conduta entre os partícipes da relação jurídica de consumo. Assim, não importa ter vislumbrada a relação de hipossuficiência do consumidor, como querem alguns autores, mas sim, uma completa moralização das relações de consumo da sociedade brasileira, onde somente permanecerão nos diversos segmentos da cadeia de consumo aqueles (pessoas físicas ou jurídicas) que assumirem esta posição com todos os seus ônus e encargos, dentre os quais o atingimento da perfeição no fornecimento de produtos e serviços, em total consideração ao consumidor (adquirente ou utente deste produto ou serviço).

Sobre a **corrente finalista**, Bruno Miragem (2009, p. 91) explica que o consumidor é

> o destinatário final fático ou econômico do produto ou do serviço, aquele que adquire e retira o produto ou o serviço da cadeia de produção, utilizando-o, e lhe dando, portanto, destinação final. O ato de consumo deste destinatário final

---

2   Filiam-se a essa corrente maximalista, autores como Antônio Carlos Efing (2004) e Luiz Antônio Rizzato Nunes (2005). Já a corrente finalista tem como defensores autores como José Geraldo Brito Filomeno e Alcides Tomasetti Junior (1993).

não deverá visar obtenção de lucro, podendo ser considerado como consumidor apenas o não profissional, o não especialista, que retira o produto ou serviço do mercado para utilização própria ou de sua família.

Entendemos, todavia, que a melhor solução para a questão é reconhecer a aplicação da teoria do **finalismo mitigado**, defendida por autores como Cláudia Lima Marques e Bruno Miragem (2020), consoante a qual o conceito de consumidor por equiparação pode ser ampliado quando existir vulnerabilidade.

Essa teoria vem sendo acolhida, inclusive, pelo Superior Tribunal de Justiça[13] nas hipóteses de consumo intermediário, quando, então, deve ser provada a vulnerabilidade da pessoa jurídica possivelmente consumidora.

Nessa esteia, Claudia Lima Marques (2005, p. 162, grifo nosso) assevera:

> Efetivamente, se a todos considerarmos "consumidores", a nenhum trataremos diferentemente, e o direito especial de proteção imposto pelo CDC passaria a ser um direito comum, que já não mais serve para reequilibrar o desequilibrado e

---

3   O Superior Tribunal de Justiça vem entendendo pela aplicação do Código, com fundamento na vulnerabilidade, sem, contudo, afastar-se do finalismo. Para ilustrar o que aqui afirmamos, leiam-se os seguintes julgados: RMS n. 27.512/BA (Rel. Ministra Nancy Andrighi, 3ª turma, julgado em 20/08/2009, DJ 23/09/2009); REsp n. 716877, no qual reconhece o tribunal superior a possibilidade de aplicação do CDC em favor de um caminhoneiro, cujo caminhão apresentou problemas de fabricação; REsp n. 914384, que trata de litígio sobre a venda de defensivo agrícola a produtor de soja; REsp n. 1080719, que aplica o CDC em favor de um freteiro que adquiriu caminhão que apresentou problemas de fabricação; e REsp n. 1010834, que aplicou o CDC em favor de uma costureira que adquiriu máquinas para o exercício de sua profissão.

proteger o não-igual. E mais, passa a ser um direito comum, nem civil, mas sim comercial, nacional e internacional, o que não nos parece correto. A definição do art. 2º é a regra basilar do CDC e deve seguir seu princípio e sua *ratio legis*. **É esta mesma "ratio" que incluiu no CDC possibilidades de equiparação, de tratamento analógico e de expansão, mas não no princípio, sim na exceção, que exige prova "in concreto" daquele que se diz em posição "equiparada a de consumidor".** O direito é a arte de distinguir e a *ratio legis* do CDC não pode ser desconsiderada de forma a levar à própria destruição do que representa, logo, da própria *ratio legis* de proteção preferencial dos mais fracos, mais vulneráveis no mercado.

Apesar dos 32 anos de existência do Código de Defesa do Consumidor, é de se lamentar que ainda existam divergências nos tribunais superiores quanto à aplicação dessa lei, como é o caso da pessoa jurídica consumidora. Ora, se o próprio CDC determina que a pessoa jurídica é também consumidora, ainda que por equiparação, a divergência de entendimentos entre os tribunais e o próprio STJ traz grande insegurança jurídica para as relações de consumo.

Conceito de fornecedor

O CDC, em seu art. 3º, define *fornecedor* como

> toda pessoa física ou jurídica, pública ou privada, nacional ou estrangeira, bem como os entes despersonalizados, que desenvolvam atividades de produção montagem, criação, construção, transformação, importação, exportação, distribuição

ou comercialização de produtos ou prestação de serviços. (Brasil, 1990)

O conceito de fornecedor é amplo. É importante notar que, com relação ao fornecimento de produtos, exige-se apenas que a atividade se desenvolva profissionalmente e com habitualidade. Com relação à prestação de serviços, valemo-nos do entendimento de Benjamin, Marques e Bessa (2013, p. 115):

> Quanto ao fornecimento de serviços, a definição do art. 3º, do CDC foi mais concisa e, portanto, de interpretação mais aberta, menciona apenas o critério de desenvolver atividade de prestação de serviços. Mesmo o § 2º do art. 3º define serviço como "qualquer atividade fornecida no mercado de consumo, mediante remuneração...", não especificando se o fornecedor necessita ser um profissional. A remuneração do serviço é o único elemento caracterizador, e não a profissionalidade de quem o presta.

Ainda no art. 3º do CDC, observamos, nos parágrafos 1º e 2º, a definição de produtos e serviços, portanto a relação de consumo sempre terá por objeto um serviço remunerado ou um produto, que pode ser um bem material ou mesmo imaterial. Notemos que o comércio eletrônico tem sido meio por excelência de circulação de produtos e de contratação de serviços.

É certo que a internet trouxe grandes avanços para as relações de consumo, mas novos problemas também nasceram nos últimos anos e demandam solução jurídica. Ricardo Lorenzetti (2006, p. 92) afirma que esses problemas se referem:

> à desumanização do contrato, à imputabilidade da declaração de vontade, que reflete em sua forma e validade, na distribuição de riscos da declaração de vontade realizada online, na formação do consentimento, na definição do local e do momento da celebração, nos diferentes graus de utilização do meio digital.

O consumidor é a parte mais fraca nas relações de consumo, seja qual for a plataforma pela qual essa relação se materialize. Todavia, quando a plataforma é digital, surge um campo maior de abusividades por parte dos fornecedores, e danos aos consumidores se multiplicam. Compras de produtos que nunca chegam ao consumidor, oferta de produtos que não condizem com a realidade, cobrança de valores abusivos, ofertas mentirosas, enfim, a criatividade dos fornecedores é sempre maior do que a do legislador em criar mecanismos para evitá-las. Resta, então, ao CDC o desafio de buscar evitar danos aos consumidores.

— 4.2 —
Vulnerabilidade do consumidor no comércio eletrônico

O Código de Defesa do Consumidor brasileiro, ao regulamentar as relações de consumo, em seu art. 4º, inciso I, assim dispõe:

que a Política Nacional das Relações de consumo tem por objetivo atender às necessidades do consumidor, respeitando a sua dignidade, saúde, segurança e outros interesses econômicos, a melhoria nas condições de vida da população, transparência e harmonia, observada a vulnerabilidade do consumidor no mercado de consumo. (Brasil, 1990)

A legislação, ou seja, o CDC, é clara ao estabelecer que a vulnerabilidade é pedra fundamental da tutela ao consumidor.

É de se dizer que a própria justificativa de existência do Código de Defesa do Consumidor é a tutela da vulnerabilidade do consumidor, que será, no caso da pessoa física, sempre presumida.

Para Paulo Valério Dal Pai Moraes (1999, p. 56), o reconhecimento da vulnerabilidade decorre do princípio da igualdade:

> Vulnerabilidade, sob o enfoque jurídico, é, então, o princípio pelo qual o sistema jurídico positivado brasileiro reconhece a qualidade ou condição daquele(s) sujeito(s) mais fraco(s) na relação de consumo, tendo em vista a possibilidade de que venham a ser ofendido(s) ou ferido(s), na sua incolumidade física ou psíquica, bem como no âmbito econômico, por parte do(s) sujeito(s) mais potente(s) da mesma relação.

Já afirmamos, em outros escritos (Baggio, 2015a, p. 204-207), que

> a vulnerabilidade do consumidor deve ser objeto de proteção, o Código opta por reconhecer a desigualdade que se estabelece

entre o consumidor e o fornecedor em uma relação de consumo, desigualdade esta que pode resultar do desequilíbrio econômico ou técnico entre as partes. [...] O fornecedor é sem dúvida aquele que detém o conhecimento técnico a respeito do produto ou serviço que está oferecendo, aquele que tem melhores condições de compreender a contratação em toda a sua amplitude. Como é o responsável pelo produto ou pelo serviço, por sua fabricação e colocação no mercado, tem condições de saber quais as melhores condições de contratação, quais as especificidades do produto, quais os possíveis erros ou falhas na sua utilização. O consumidor não detém essas informações, e, portanto, coloca-se em situação de desvantagem em relação ao fornecedor.

Como ilustra Paulo Valério Dal Pai Moraes (1999, p. 152),

> Concretiza-se a vulnerabilidade, também, porque a complexidade do mundo é ilimitada, sendo impossível ao consumidor o conhecimento específico das propriedades, dos malefícios e das consequências em geral da utilização ou contato com os modernos produtos e serviços. Assim, o desconhecimento é generalizado desde a resistência é generalizada desde a resistência do material utilizado para a fabricação de um singelo prego, capaz de gerar um acidente de consumo, até a contínua utilização dos serviços da *internet*, estes com possibilidades de gerar danos comportamentais nos consumidores.

Cláudia Lima Marques (2005, p. 162) trata da vulnerabilidade informacional quando afirma que "a atual sociedade de consumo é também a sociedade da informação, até porque a comunicação massificada em grande medida impulsiona o desenvolvimento do consumo, daí a importância do reconhecimento da vulnerabilidade informacional para o direito do consumidor".

A vulnerabilidade é característica intrínseca ao consumidor[4] (Klee, 2014), é premissa que se tem em qualquer relação de consumo (Grinover, et al., 1998) e tem por fim amparar a desigualdade entre o fornecedor e o consumidor diante da invulnerabilidade – técnica, jurídica, fática e informacional – daquele face a este.

Nas palavras de Paulo Valério Dal Pai Moraes (1999, p. 10), a vulnerabilidade é, a propósito, "a peça fundamental no mosaico jurídico que denominamos Direito do Consumidor [...] é pressuposto para o correto conhecimento do direito do consumidor e para a aplicação da lei, de qualquer lei, que se ponha a salvaguardar o consumidor".

Em outro momento, já discorremos que presunção absoluta do estado de vulnerabilidade "é o desencontro de forças, a desigualdade econômica ou de conhecimentos técnicos entre o consumidor e o fornecedor que explicam essa ideia [...]" (Baggio, 2010, p. 32), e alicerça todo o Código de Defesa do Consumidor:

---

4 "De acordo com o princípio da vulnerabilidade do consumidor, ele é considerado a parte mais fraca da relação de consumo, porque não tem condições fáticas, técnicas, jurídicas, econômicas ou de informações para discutir com o conteúdo do contrato e dispor sobre as cláusulas contratuais" (Klee, 2014).

É fato que o consumidor sofre incessantemente as pressões do mercado, seja porque é induzido a consumir, seja porque consome e em algumas situações não se dá conta de que pode estar realizando uma contratação sem acesso a informações suficientes, sem o conhecimento dos riscos nela envolvidos. A ideia de vulnerabilidade está associada à debilidade de um dos agentes das relações de mercado, no caso, o consumidor, e para o Código de Defesa do Consumidor aquela se presume em qualquer relação de consumo, sendo inclusive esta presunção absoluta. (Baggio, 2010, p. 32)

Como princípio, a vulnerabilidade substancia a ideia de que os consumidores podem confiar[15] nos integrantes da relação de consumo, entretanto, especialmente diante da massificação do uso do comércio eletrônico atualmente, o parâmetro de confiança mudou: "essa confiança vem subsidiada em uma plataforma, muitas vezes, abstrata, em liquidez moldada por pontes

---

5   Andreza Cristina Baggio (2010, p. 75-76) discorre que "a proteção da confiança pelo Código de Defesa do Consumidor, estudo que se propõe neste trabalho, propicia o reequilíbrio nas relações contratuais de consumo, e se materializa pelos princípios que as norteiam, pela boa-fé e função social do contrato, bem como pela importância dos deveres anexos de informação, transparência, cooperação. É possível dizer que o Código de Defesa do Consumidor, protege legítimas expectativas nos negócios jurídicos de consumo, tutela interesses sociais e não apenas a manifestação da vontade. [...] A confiança da qual aqui se trata, é a crença de boa-fé, geradora de expectativas legítimas, necessária ao consumidor vulnerável para atuar em uma relação de consumo, e que nasce do comportamento ou das informações prestadas pelo fornecedor. Quem participa de um negócio jurídico, buscando com ele criar uma situação jurídica específica, o faz porque precisa dessa relação, porque ela lhe trará alguma satisfação ou utilidade. Analisando sob este aspecto uma relação contratual de consumo, é fácil compreender que a confiança merece proteção tanto pela crença do consumidor na existência do que é prometido pelo fornecedor, quanto pela satisfação de necessidades que aquela contratação lhe trará".

de ciberespaços percorrendo a rede mundial" (Efing; Campos, 2018, p. 151).

Antônio Carlos Efing e Fábio Henrique Fernandez de Campos (2018) acrescentam que, na era atual – denominada *ultramoderna* –, a vulnerabilidade chega a se expandir, ao passo que as relações viabilizadas pela tecnologia são concebidas como vitais:

> a vulnerabilidade se expande na medida em que o mercado se sustenta estimulando o supérfluo das aquisições fluidas contemporâneas, onde consumidor se tornou um ser em interação com a sociedade de consumismo, com seus riscos, onde estar perto fisicamente não significa proximidade do outro, mesmo tempo em que estar longe pode virtualmente significar estar perto e dessas relações liquidas dependa a aquisição de novas funcionalidades tecnológicas a serem almejadas e tidas como imprescindíveis de serem adquiridas pelo ser se tornar um ser na sociedade. (Efing; Campos, 2018, p. 151)

Ainda com relação à conceituação da vulnerabilidade, cada vez mais é fomentada a ideia de um discurso que destaca uma política em favor de pessoas vulneráveis; não obstante, a vulnerabilidade se desenha como meio de ação para interpretação e aplicação de normas jurídicas (Favier, 2013).

Nesse sentido, merece atenção o fato de percebermos, em alguns casos, uma diferenciada vulnerabilidade a que se sujeitam alguns consumidores.

— 4.2.1 —
Hipervulnerabilidade do consumidor no comércio eletrônico

Já expusemos, aqui, que o Código de Defesa do Consumidor brasileiro reconhece a desigualdade que se estabelece entre o consumidor e o fornecedor em uma relação de consumo e a denomina *vulnerabilidade*.

Conforme já nos manifestamos anteriormente (Baggio, 2015a), a vulnerabilidade do consumidor está relacionada à proteção ao princípio constitucional da igualdade consagrado no art. 5°, *caput*, da Constituição Federal de 1988, pois é ele – o consumidor – a parte fraca na relação, decorrendo essa "fraqueza" de vários aspectos, entre eles os de ordens técnica e econômica.

> A doutrina destaca a existência de diferentes graus de vulnerabilidade, pois, em algumas situações, esta seria agravada por características especiais do consumidor, como é o caso de idosos[6] e crianças, que podem ser tratados como consumidores hipervulneráveis, assim como os portadores de deficiências. (Baggio, 2015a, p. 208)

A realidade do *e-commerce* que vivemos atualmente mostra ser necessário que se reconheça que "a desigualdade reinante no universo dos vulneráveis – tais como os consumidores em

---

6   A definição de idoso aqui adotada é a prevista na Lei n. 10.741, de 1° de outubro de 2003, Estatuto do Idoso, em seu art. 1°, ou seja, a pessoa com idade igual ou superior a 60 anos (Brasil, 2003).

geral –, não descarta a existência de indivíduos que, por outros fatores pessoais, tem essa condição agravada: os hipervulneráveis" (Maia, 2013, p. 203).

A hipervulnerabilidade é também referida como **vulnerabilidade agravada**, ou potencializada, e, embora a doutrina não seja uníssona no reconhecimento dessa característica, habitualmente sua configuração fundamenta-se nas características próprias de alguns consumidores ou no meio pelo qual eles realizam seus negócios de consumo, sendo estas as variáveis que repercutem no nível ou no grau de vulnerabilidade.

Sobre isso, Fernando Costa Azevedo e Lúcia Dal Molin Oliveira (2018) inferem que, assim como a vulnerabilidade é característica universal e universalizante, a hipervulnerabilidade reconhecida a alguns grupos sociais é igualmente universal àqueles grupos:

> Na superfície do Direito do Consumidor sabemos todos que o consumidor é uma categoria social *vulnerável*, que alcança a todos, pois todos somos consumidores. Nada mais universal e universalizante! Por detrás dessa categoria descortina-se outra, a dos grupos sociais em situação de vulnerabilidade agravada, os grupos *hipervulneráveis*; uma categoria mais específica do que a primeira, mas ainda assim universal, pois abarca todas as pessoas, sem distinção, que pertencem a esses grupos [...]. (Azevedo; Oliveira, 2018, p. 90, grifos do original)

O fato de os consumidores do comércio eletrônico terem uma relação peculiar (assim como são os consumidores idosos, por exemplo) é que, segundo Marcos Catalan (2019), tem amparo a referência à hipervulnerabilidade, visto que a incidência desse atributo ocorre quando exigida a hiperbolização do desiquilíbrio econômico e (ou) normativo manifestado nessa relação e a consequente necessidade de construção de uma solução hermenêutica própria, não sendo suficientes as respostas postas aos tão só vulneráveis.

Segundo Azevedo e Oliveira (2018), o reconhecimento do estado de hipervulnerabilidade de uma categoria de consumidores é aferida, ademais, como um grande avanço na doutrina e na jurisprudência. Ao tratarmos dos contratos eletrônicos, verificamos que são inúmeras as incapacidades distintivas constatadas face ao consumidor, conforme aponta Claudia Lima Marques (2012, p. 143):

> Como usuário da *net* sua capacidade de controle fica diminuída, é guiado por *links* e conexões, em transações ambiguamente coordenadas, recebe as informações que desejam lhe fornecer, tem poucas possibilidades de identificar simulações e jogos, de proteger sua privacidade e autoria, de impor sua linguagem. Se tem uma ampla capacidade de escolher, sua informação é reduzida (extremo déficit informacional), a complexidade das transações aumenta, sua privacidade diminui, sua confiança e segurança parecem desintegrar-se em uma ambiguidade básica: pseudossoberania do indivíduo/sofisticação do controle!

Considerando, então, as particularidades do comércio eletrônico, não podemos olvidar a ocorrência de práticas abusivas dos fornecedores que constituem obstáculos específicos enfrentados por seus consumidores e que são, sim, diferentes daqueles vivenciados na forma não eletrônica de comércio, o que justifica que sejam caracterizados como consumidores com grau próprio de vulnerabilidade, o que respalda dizer que sua vulnerabilidade é agravada.

Cláudia Lima Marques (2012, p. 162, grifo nosso) também defende que, quando utiliza o comércio eletrônico, o consumidor é hipervulnerável porque esse tipo de comércio é peculiar, uma vez que introduz dois novos elementos para as já complexas relações de consumo dos contratos de massa:

> o **espaço**, como fator de vulnerabilidade, pois despersonaliza ainda mais o contrato, permitindo também uma banalização de sua internacionalidade; e a **virtualidade**, pois o imaterial agora não é só o fazer prestacional e de condutas de boa-fé (informação, cooperação e cuidado), mas também o próprio contrato, na linguagem virtual, e os vícios.

Segundo Rodrigo Canto (2015, p. 9), "a partir do surgimento da contratação por meio da internet, começaram a surgir novos desafios para os operadores do Direito, referentes ao agravamento da vulnerabilidade do consumidor". Para o autor, esse agravamento, que aqui é tratado como hipervulnerabilidade, "decorre da fusão de técnicas de contratação em massa em um único meio, disponível pela Internet, que oferece, por exemplo, a união do contrato de adesão, das condições gerais dos contratos, marketing agressivo, entre outras características" (Canto, 2015, p. 9).

Sobre o tema, Dennis Verbicaro e Ana Paula Pereira Martins (2018, p. 5) afirmam que,

> além do modelo problemático de consentimento desta categoria contratual, em desrespeito à norma protetiva do § 3º do art. 54 do CDC, as cláusulas são elaboradas em linguagem difícil, excessivamente técnica, por vezes sequer traduzida para a língua portuguesa, disposta em formatação em blocos de informações que tornam a leitura dos mesmos enfadonha e demorada, não atendendo às expectativas do consumidor.

Mas não é só isso. Para ter acesso a transações de comércio eletrônico, o consumidor deve submeter-se a um cadastro, no qual fornecerá seus dados pessoais, números de CPF, RG e, especialmente, seus dados financeiros, sendo esta a grande vantagem que os *sites* de comércio eletrônico obtêm com a negociação. Portanto, ainda que não haja remuneração direta pelo consumidor ao serviço prestado pelo *site*, ele estará, sim, remunerando essa atividade com a cessão de seus dados pessoais, aqueles que são, na verdade, seu bem mais importante.

Reconhecer a hipervulnerabilidade dos consumidores do *e-commerce* é reconhecer que se trata de um grupo específico de consumidores sujeitos a condições (de fornecimento) igualmente peculiares de insegurança e incerteza – para além daquelas vivenciadas pelos consumidores do meio convencional –, sendo crucial conferir-lhes o nível de proteção devida a todo e qualquer consumidor, considerando-se, para tanto, seu nível de vulnerabilidade.

Basta um exemplo para escancarar a vulnerabilidade agravada do consumidor do *e-commerce*: com a popularização dessas relações, os consumidores agora defrontam a novos modelos e moldes diante do comércio eletrônico e, corriqueiramente, acessam lojas *on-line*[7] dessemelhantes do padrão tradicional *business to consume* (B2C), em qual lugar tão somente são cedidos virtualmente os produtos do fornecedor ao *e-consummer*, isto é, os chamados *sites intermediários* de compras e vendas.

Guilherme Magalhães Martins (2008, p. 74) explica que

> esses *websites* concedem seu ambiente interativo para que disponibilizem produtos e outros escolham por obtê-los, agindo como uma espécie de agentes da compra e da venda que se firma no meio eletrônico. Geralmente, os contratos implicando os *sites* intermediários não acompanham o modelo de comércio praticado de modo direto entre comprador e vendedor, mas se apoiam no desempenho de três elementos, formando uma triangulação: fornecedor, intermediário e consumidor.

---

7   De acordo com o levantamento *Top Ecommerce Ranking Reports*, os sites intermediadores de vendas, como Mercado Livre, Americanas, Amazon, Magazine Luiza, são os responsáveis pelo maior número de vendas no comércio eletrônico do país (Netrica, 2022).

Os intermediários atuam como angariadores de clientes, abeirando os elementos de maneira que os interessados sejam capazes de negociar seus produtos por meio dos ambientes interativos[18]. Portanto, muitas vezes, sequer fica claro para os consumidores com quem estão negociando, porque falta, sobretudo, a clareza na prestação das informações.

Como já salientamos, ainda que os encargos de informação do produto disponibilizados sejam sempre do fornecedor, é necessário que reconheçamos que isso se mostra ainda mais necessário no ambiente eletrônico, em que se constatam problemas como confusões pertinentes a informações no que diz respeito ao seu objeto, no tocante à sua identidade, às informações do fornecedor etc.

Logo, parece ser premente que reconheçamos o agravamento da vulnerabilidade desses consumidores, sendo necessário tratar do tema de maneira designada aos problemas postos a eles.

Assim, em que pese a compreensão da especial vulnerabilidade do consumidor nos negócios eletrônicos, a seguir, trataremos da proteção normativa existente – ou não – para esse consumidor.

---

8   Como é o caso das plataformas mercadolivre.com.br, amazon.com etc.

— 4.3 —
Responsabilidade dos fornecedores segundo o Código de Defesa do Consumidor

Tratar da aplicação do Código de Defesa do Consumidor a determinada relação jurídica é preocupar-se com a responsabilidade dos fornecedores perante o consumidor. Antes de ingressarmos no tema, cabem algumas breves considerações acerca da responsabilidade civil.

— 4.3.1 —
Considerações gerais sobre responsabilidade civil

Tupinambá Miguel Castro do Nascimento (1991, p. 39) defende que

> o dever de respeito à esfera jurídica alheia é norma necessária à convivência social. Há situações, entretanto, em que a conduta de outrem poderá causar descompasso e desequilíbrio a alguém, e por haver violação ao princípio geral do respeito, a convivência entre as partes é prejudicada, razão pela qual se justifica a busca por uma reparação compensatória.

No entanto, como também esclarece o autor, esse dever de ressarcimento não está exclusivamente fundamentado na infringência de uma norma geral de respeito aos direitos que toda pessoa detém, mas pode resultar do descumprimento de uma pactuação firmada entre duas pessoas, na qual cada uma terá seus direitos e suas obrigações, gerando também, além de uma crise contratual, o desequilíbrio na convivência social (Nascimento, 1991). É nesses casos que surge a questão da responsabilidade civil.

A responsabilidade civil pode sempre ser analisada por dois ângulos: 1) a responsabilidade contratual e 2) a responsabilidade extracontratual. Como explica Tupinambá Miguel Castro do Nascimento (1991, p. 41), "a responsabilidade civil, vista genericamente, está na ocorrência de um nexo causal entre duas circunstâncias no mínimo: a) a conduta de alguém, que se afigurará como ofensiva; b) o aparecimento de um dano resultante da conduta".

A base da responsabilidade civil está nessas circunstâncias, e a conduta causadora da lesão tanto pode ser comissiva quanto omissiva, nos casos em que a omissão tenha relevância jurídica[9].

O Código Civil brasileiro, ao tratar dos atos ilícitos, dispõe, no art. 186, que "aquele que, por ação ou omissão voluntária, negligência ou imprudência, violar direito e causar dano a outrem, ainda que exclusivamente moral, comete ato ilícito" (Brasil, 2002).

Mas, embora a responsabilização por danos, em um primeiro momento, exija a realização de um ato ilícito, conforme

---

9 É exemplo de situação em que a omissão tem relevância jurídica quando o médico, tendo consciência da gravidade do estado de seu paciente, deixa de ministrar medicamento que lhe poderia salvar a vida e o paciente vem a morrer.

se depreende da leitura do art. 186 do Código Civil, é certo que, em determinadas situações, atos lícitos, como a legítima defesa e o estado de necessidade, também poderão gerar o dever de indenizar, e o art. 927 do Código Civil trata das situações em que haverá a obrigação de indenizar pelo causador do dano.

Concluímos, portanto, da combinação dos arts. 186 e 927 do Código Civil, que os elementos do dever de indenizar são a voluntariedade e a culpabilidade, a violação a direito ou a causação de prejuízo à vítima, a ação ou omissão e o nexo de causalidade.

Observamos também, para a incidência da responsabilidade por danos, o dolo e a culpabilidade em sentido estrito (negligência, imprudência ou imperícia), segundo as regras do Código Civil, que acolhe a teoria da responsabilidade civil subjetiva. Apenas não se tomará em conta a voluntariedade (dolo ou culpa) nas situações em que a responsabilidade civil é objetiva, quando, então, não se examinará o elemento subjetivo da conduta. Notemos, porém, que a responsabilidade objetiva se trata de exceção, portanto deve sempre vir expressamente disciplinada em lei[10].

O ordenamento jurídico brasileiro reconhece a existência não apenas da responsabilidade subjetiva – a regra geral –, na qual a culpa deve ser comprovada, mas também da responsabilidade objetiva, que independe de culpa e tem fundamento na teoria do risco.

---

10 Não se admite restrição de direito ou ampliação de responsabilidade senão nos casos expressamente previstos em lei, sendo esta a disciplina insculpida no parágrafo único do art. 927 e no art. 931, ambos do Código Civil de 2002.

É certo também que o ordenamento jurídico brasileiro admite outra espécie de responsabilidade – a responsabilidade por culpa presumida, ou com inversão do ônus da prova da culpa –, em que a excludência da responsabilidade depende, em tese, do agente comprovar que não agiu com culpa.

Essas considerações iniciais não pretendem, nem de longe, esgotar o tema da responsabilidade civil, uma vez que não é esse o objeto principal deste estudo, e foram apresentadas como introdução à questão porque nosso objetivo é verificar em qual das modalidades de responsabilidade civil reconhecidas pelo direito brasileiro insere-se a responsabilidade prevista no Código de Defesa do Consumidor.

— 4.3.2 —
Responsabilidade civil segundo o Código de Defesa do Consumidor

Sobre o assunto, Tupinambá Miguel Castro do Nascimento (1991, p. 42) lembra que o Código de Defesa do Consumidor "evidenciou, com a máxima clareza e indicando uma única exceção, que houve o afastamento da responsabilidade subjetiva [...] Tanto no art. 12 como no art. 14, é dito que a responsabilidade nas relações de consumo se afigura independentemente da existência de culpa".

Ora, se o Código de Defesa do Consumidor prevê expressamente a responsabilidade objetiva, com exceção à responsabilidade do profissional liberal, cabe verificar qual espécie de responsabilidade objetiva é privilegiada pelo diploma consumerista.

Doutrinariamente, é reconhecida a existência de duas espécies de responsabilidade objetiva: a primeira é baseada na **teoria do risco**, na qual a reparação do dano só é obrigatória quando houver uma ação, um dano e um nexo de causalidade. Aqui, o elemento culpa não é utilizado; a segunda é a **teoria da responsabilidade objetiva com culpa presumida**, com a inversão do ônus da prova a admitir prova excludente da presunção.

A teoria da responsabilidade objetiva adotada pelo Código de Defesa do Consumidor é a com culpa presumida.

O fornecedor responde sem a verificação de culpa, à exceção dos profissionais liberais, pelos vícios e fatos do produto ou do serviço, sendo essa a tipologia adotada pelo Código de Defesa do Consumidor ao referir-se aos acidentes de consumo.

Entendemos por vícios dos produtos as situações menos graves que, comumente, dizem respeito à qualidade, à quantidade e às disparidades nas indicações de recipientes, embalagens, rotulagem e mensagem publicitária. Nesses casos, o CDC prevê a responsabilidade solidária entre os fornecedores mediatos e, no caso dos produtos *in natura*, o fornecedor imediato responderá quando não for possível identificar o produtor. Nesse caso, não é possível o exercício de direito de regresso.

O **fato do produto** trata de situações mais graves, cujos defeitos sejam juridicamente relevantes e decorram da lista do art. 12 do Código de Defesa do Consumidor, ou seja, são defeitos de criação, produção e informação, e o produtor, os contratos e o importador responderão solidariamente, exceto nas situações previstas no art. 13 do Código de Defesa do Consumidor.

São vícios dos serviços aqueles que apresentem situações menos graves, que dizem respeito à qualidade, à inadequação e à disparidade entre oferta e mensagem publicitária, com o serviço efetivamente prestado, e os prestadores de serviços, nos termos do parágrafo único do art. 7º do CDC, responderão solidariamente.

Já as situações de fato do serviço são os casos mais graves, de defeitos juridicamente relevantes, os quais são decorrentes dos tipos previstos no art. 14 do Código de Defesa do Consumidor – casos de informação insuficiente ou inadequada e defeitos de segurança –, respondendo, então, o fornecedor, independentemente da existência de culpa. O parágrafo único do art. 7º do Código de Defesa do Consumidor dispõe que "tendo a ofensa mais de um autor, todos responderão solidariamente pela reparação dos danos previstos nas normas de consumo" (Brasil, 1990).

— 4.4 —
Responsabilidade solidária segundo o Código de Defesa do Consumidor

Conforme já defendemos neste livro, a responsabilidade civil do fornecedor no Código de Defesa do Consumidor, além de objetiva, é também extracontratual, gerando o direito de indenização mesmo quando não existe relação contratual entre determinado fornecedor e o consumidor.

Segundo explicam James Marins et al. (1995), o *caput* do art. 12 do Código de Defesa do consumidor enumera, categoricamente, o fabricante, o produtor, o construtor, nacional ou estrangeiro, e o importador como as espécies do gênero fornecedor, os quais são responsáveis, extracontratualmente e independentemente da apuração da culpa, pela indenização devida em função do fato do produto.

Os mesmos autores, seguindo então a orientação da doutrina estrangeira, observam a existência de três espécies de fornecedores, sendo eles,

> o fornecedor real (fabricante, produtor, construtor), o fornecedor aparente (detentor do nome, marca ou signo aposto no produto), e o fornecedor presumido (importador e comerciante do produto anônimo). Fornecedor real é a pessoa física ou jurídica que participa da realização e criação do produto acabado ou de parte componente do mesmo, inclusive a matéria-prima, ou seja, é o fornecedor final assim como o fornecedor intermediário, vistos sempre antes e distintamente do comerciante, que possui regime excepcional de responsabilização pelo fato do produto, nos termos do artigo 13 do diploma consumerista. (Marins et al., 1995, p. 118)

O fornecedor aparente é aquele que se apresenta como tal, colocando seu próprio nome no produto, marca ou sinal distintivo, cuja responsabilização direta decorre da teoria da aparência, já que, quando apresenta seu nome sobre o produto, esse fornecedor aparece como produtor perante o consumidor.

Por fim, fornecedor presumido é aquele que importa produtos para qualquer forma de distribuição, como venda ou locação, assim como aquele que fornece a mercadoria sem sua identificação. Já o comerciante será responsável pelos danos resultantes do fato do produto sempre que prover o mercado de consumo com produtos que não tenham identificação do fabricante, produtor, construtor ou importador. Essa responsabilidade é considerada subsidiária e está prevista no art. 13 do Código de Defesa do Consumidor.

Conforme dispõe o Código Civil, em seu art. 265, a solidariedade não se presume: resulta da lei ou da vontade das partes. Portanto, no que se refere ao fornecimento de produtos e serviços no mercado de consumo, é possível afirmar que a solidariedade decorre da lei, pois se aplicam a essas relações as regras do Código de Defesa do Consumidor também no que tange à solidariedade entre os fornecedores em cadeia.

O Código de Defesa do Consumidor estabelece objetivamente a responsabilidade solidária dos fornecedores em seu art. 7º, parágrafo único, e dispõe, no art. 12, acerca da responsabilidade do fabricante, do produtor, do construtor, nacional ou estrangeiro, e do importador pelo fato do produto e do serviço, salvo as exceções previstas no parágrafo 3º do mesmo artigo.

Sobre a responsabilidade pelo vício do produto ou do serviço, o art. 18 do Código de Defesa do Consumidor dispõe que:

Os fornecedores de produtos de consumo duráveis ou não duráveis respondem solidariamente pelos vícios de qualidade ou quantidade que os tornem impróprios ou inadequados ao consumo a que se destinam ou lhes diminuam o valor, assim como por aqueles decorrentes da disparidade, com as indicações constantes do recipiente, da embalagem, rotulagem ou mensagem publicitária, respeitadas as variações decorrentes de sua natureza, podendo o consumidor exigir a substituição das partes viciadas. (Brasil, 1990, art. 18)

Por fim, o parágrafo 1º do art. 25 dispõe que "havendo mais de um responsável pela causação do dano, todos responderão solidariamente" (Brasil, 1990).

Ao manifestar-se sobre a solidariedade, Luiz Antônio Rizzato Nunes (2005) lembra de situações em que, necessariamente, os fornecedores criam redes contratuais para o fornecimento de produtos e serviços, como nos casos de utilização de serviços e produtos de terceiros pelo fornecedor que contrata diretamente com o consumidor:

> Ainda que a norma [art. 20 do CDC] esteja tratando de fornecedor direto, isso não ilide a responsabilidade dos demais que indiretamente tenham participado da relação. Não só porque há normas expressas nesse sentido (art. 34 e §§ 1º e 2º do art. 25) mas também em especial pela necessária e legal solidariedade existente entre todos os partícipes do ciclo de produção que geraram o dano (cf. o parágrafo único do art. 7º), e, ainda mais, pelo fato de que, dependendo do tipo de serviço

prestado, o fornecedor se utiliza necessariamente de serviços e produtos de terceiros. (Nunes, 2005, p. 271)

O Código de Defesa do Consumidor prevê, como decorrente da solidariedade, o direito de regresso de um fornecedor instado a responder por um fato do produto ou do serviço ao qual não tenha dado causa, plenamente aplicável às relações de fornecimento em rede.

Na lição de Antônio Carlos Efing (2004), a ação de regresso é aquela por meio da qual o fornecedor que efetuou a reparação dos danos ao consumidor, existindo solidariedade com outro ou outros fornecedores, pode pleitear o ressarcimento do valor de responsabilidade dos demais fornecedores responsáveis.

O art. 13, parágrafo único, do Código de Defesa do Consumidor, trata do direito de regresso: "Art. 13. [...] parágrafo único. Aquele que efetivar o pagamento ao prejudicado poderá exercer o direito de regresso contra os demais responsáveis, segundo sua participação na causação do evento danoso" (Brasil, 1990).

Ressaltamos, novamente nos reportando a Antônio Carlos Efing (2004), que a ação regressiva tem a intenção não apenas de apurar o responsável pela causação do dano, mas também a parcela de culpa de cada fornecedor, e somente pode ser manejada após a efetiva reparação do dano ao consumidor.

Embora, a princípio, essa ação de regresso deva ser autônoma, já que, segundo Antônio Carlos Efing (2004, p. 164), "a relação jurídica do regresso é outra e não a originalmente existente entre o fornecedor demandado e o consumidor demandante", o Código de Defesa do Consumidor prevê a possibilidade de que a ação de regresso seja exercida nos mesmos autos originais, "configurando sub-rogação legal, já que haverá a substituição dos polos da ação, ou seja, o réu primário passará a ser o autor da ação de regresso" (Efing, 2004, p. 165).

Como exemplo importante do reconhecimento da responsabilidade solidária entre os fornecedores segundo o Código de Defesa do Consumidor, a seguir, analisaremos a atribuição de responsabilidade dos *sites* de *marketplace*.

— 4.4.1 —
Rede contratual no *marketplace*

Já afirmamos (Baggio, 2014, p. 25), alhures, que "o princípio da igualdade preconizado na Constituição Federal de 1988, em seu artigo 5º, *caput*, aplicado ao Direito do Consumidor, implica na harmonização e na adequação do sistema, e, considerando o ideal de justiça, busca promover entre as partes uma relação equilibrada e equitativa". Sendo o contrato uma união de interesses equilibrada, como instrumento de cooperação, leal e probo, é salutar a proteção da confiança mútua.

Segundo Cláudia Lima Marques (2004, p. 39),

> Hoje a confiança é um princípio diretriz das relações contratuais, merece proteção e é fonte autônoma de responsabilidade. Em outras palavras, as condutas na sociedade e no mercado de consumo, sejam atos, dados ou omissões, fazem

nascer expectativas legítimas naqueles em que despertamos a confiança, os receptores de nossas informações ou dados, em resumo, confiar é acreditar, é manter, com fé, a fidelidade, a conduta, as escolhas e o meio; confiança é a aparência, informação, transparência, diligência e ética no exteriorizar vontades negociais.

O consumidor merece proteção diferenciada, fundamentada em sua vulnerabilidade. Essa proteção diferenciada fez nascer uma nova ordem contratual, em que a confiança serve para preservar a segurança jurídica, com base nos interesses sociais de proteção à dignidade da pessoa humana e à solidariedade. Sob esse enfoque, concluímos que a confiança não se trata de mera alternativa para a proteção das situações em que há aparência de direito, mas que respeitá-la proporciona a defesa da dignidade do consumidor (Branco, 2002).

No que diz respeito especificamente ao *marketplace*, caso o consumidor sofra algum prejuízo em razão da má prestação do serviço, ou inadequação da informação e da oferta veiculada no *site*, o *marketplace* responde solidariamente com a empresa fornecedora perante o consumidor, seja porque é importante tutelar a confiança depositada pelo consumidor na adequação da atividade do *site*, seja porque, no caso, percebe-se que o serviço prestado pelo *site* caracteriza uma verdadeira rede contratual.

Outra visão relevante sobre o *marketplace* é a da existência de uma verdadeira rede contratual entre o *site*, os vendedores ofertantes de produtos e os consumidores, situação que também justifica a existência de responsabilidade solidária entre todos os fornecedores, inclusive, o *site* que se diz meramente "intermediário".

Os contratos de consumo na internet não podem ser vistos isoladamente, verificando-se, na prática moderna, que os agentes econômicos tendem a se especializar em uma etapa da produção em que eles podem ser mais eficientes e deixar as demais para outros atores que nelas sejam mais hábeis, ou tenham recursos suficientes para atuar em outro segmento.

O funcionamento de um *site* de *marketplace* apresenta uma verdadeira rede contratual em sua estrutura, pois os fornecedores envolvidos na prestação do serviço formam parcerias para sua disponibilização, diluindo, entre si, os riscos e os lucros da operação. A formação de redes de contratos entre fornecedores de produtos e de serviços tem por objetivo diluir os riscos da atividade econômica que se pretende propor.

Assim, o fenômeno da responsabilidade dos integrantes do grupo de contratos deve ser analisado com base nos consumidores em relação às novas formas de contratação na sociedade de massas, pois a imagem clássica da empresa vem sendo alterada, e a empresa moderna, ou pós-moderna, tende a organizar-se por meio de grupos ou redes de sociedades comerciais, a fim de fragmentar, diluir e delimitar os riscos empresariais, criando verdadeiros mantos protetores com o fim de evitar a relação direta com o consumidor (Torres, 2007).

Por essa razão, e como já indicamos anteriormente, a responsabilidade solidária entre os fornecedores é aplicada ao sistema de *marketplace*, como previsto no Código de Defesa do Consumidor no art. 7º, parágrafo único, e art. 12 , ao tratar da responsabilidade pelo fato do produto e do serviço; no art. 18, ao tratar da responsabilidade pelo vício do produto ou do serviço; e no art. 25, parágrafo 1º, que dispõe que "havendo mais de um responsável pela causação do dano, todos responderão solidariamente" (Brasil, 1990).

— 4.5 —
Direito de arrependimento do consumidor no comércio eletrônico

No âmbito do direito do consumidor, o Código de Defesa do Consumidor, Lei n. 8.078/1990, inaugurou o direito do consumidor ao arrependimento, como dispõe o art. 49:

> Art. 49. O consumidor pode desistir do contrato, no prazo de sete dias a contar de sua assinatura ou do ato de recebimento do produto ou serviço, sempre que a contratação de fornecimento de produtos e serviços ocorrer fora do estabelecimento comercial, especialmente por telefone ou em domicílio. (Brasil, 1990)

Embora essa figura não tenha sido trazida ao código para tratar das contratações eletrônicas, que, certamente, não existiam em 1990, o direito de arrependimento do consumidor ganhou especial importância com o advento e o consequente crescimento do comércio eletrônico. Se, em 1990, contratar fora do estabelecimento comercial era sinônimo de contratação por telefone e outras, a expressão "fora do estabelecimento comercial" enquadra-se perfeitamente ao comércio eletrônico.

Devemos notar, entretanto, que o art. 49 não prevê mero direito de arrependimento ao consumidor, mas sim de hipótese de resilição contratual unilateral pelo consumidor, que tem como consequência a relativização da força obrigatória do contrato.

Aos contratos realizados fora do estabelecimento comercial, o legislador conferiu especial proteção ao consumidor, tendo em vista que este se encontra em situação de vulnerabilidade de modo potencializado (Santos, 2019).

Segundo bem esclarece Vitória Monego Sommer Santos (2019, p. 375),

> essa situação amplificada de vulnerabilidade advém do fato que o consumidor pode ser importunado desprevenidamente, constrangido a comprar o bem, ou mesmo se encontrar em situação desvantajosa por não ter acesso físico às características do produto, levando-o a firmar contratos que não teriam existido sob condições diversas, contratos com deficiência no processo de formação de vontade de uma das partes.

No exercício do direito de repensar a própria escolha, não há a necessidade de apresentar qualquer motivação como forma de evitar que o direito seja dificultado pelo fornecedor. Essa desnecessidade de motivação se justifica na falta de acesso ao consumidor ao produto ou serviço que está adquirindo, o que lhe impede de certificar-se, no ato da contratação, quanto à veracidade das informações que recebe.

O parágrafo único do art. 49 do CDC ainda garante ao consumidor a devolução dos valores eventualmente pagos, a qualquer título, durante o prazo de reflexão. Os valores eventualmente pagos compreendem, comumente, o preço do produto ou do serviço adquirido e as despesas para a entrega em domicílio com transporte ou correio, assim como aquelas de devolução depois da manifestação de desejo de arrependimento.

Em 2013, com a tentativa de evitar a desproteção do consumidor, foi publicado o Decreto n. 7.962, que regulamenta o Código de Defesa do Consumidor no ramo do comércio eletrônico (Brasil, 2013). No referido decreto, o art. 5º, nos quatro parágrafos, enumera alguns deveres a serem cumpridos pelo fornecedor, com o objetivo de evitar empecilhos ao exercício de arrependimento do consumidor e garantir sua eficácia (Brasil, 2013).

Para tanto, o fornecedor deve informar, de maneira clara e precisa, pela mesma ferramenta utilizada para a contratação, entre outras formas, os meios para o exercício do direito de arrependimento. Posteriormente a essa comunicação, o fornecedor deve enviar confirmação do recebimento da manifestação do consumidor.

Para garantir a eficácia desse direito, o fornecedor deve, também, comunicar a decisão do consumidor à instituição financeira ou à administradora de cartão de crédito, ou similar, para que elas tomem as devidas providências com relação à transação. Além de deveres citados pelo art. 5º do referido decreto, a serem cumpridos pelo fornecedor, é especificado que o exercício desse direito implica a rescisão dos contratos acessórios, sem qualquer ônus para o consumidor.

— 4.6 —
Vício do serviço: o atraso na entrega de produtos adquiridos pelo comércio eletrônico

O maior problema enfrentado pelos consumidores no comércio eletrônico diz respeito à entrega dos produtos adquiridos. Atraso na entrega, falta de entrega, entrega de produtos com vícios ou entrega de produtos que não foram os adquiridos pelo consumidor são as reclamações que lideram nos órgãos de defesa do consumidor.

Como não existe no Brasil, até o momento, uma regulamentação específica a respeito da entrega de produtos pelos *sites* de *e-commerce*, com a definição, por exemplo, de prazos máximos obrigatórios para a entrega, é de se aplicar o disposto no art. 20 do Código de Defesa do Consumidor, que trata do chamado **vício do serviço**, como abordaremos a seguir.

— 4.6.1 —
Vício do serviço segundo o Código de Defesa do Consumidor

Basicamente, de acordo com o disposto no art. 20 do CDC, no caso de problemas com a entrega de produto adquirido em *site* de *e-commerce*, o consumidor terá direito: à restituição do valor pago pelo produto que, eventualmente, não tenha sido entregue; ao abatimento no preço se, por exemplo, o produto apresente algum vício que lhe diminua a utilidade; à reexecução do serviço de entrega se o produto entregue for diverso daquele adquirido pelo consumidor. Como vemos:

> Art. 20. O fornecedor de serviços responde pelos vícios de qualidade que os tornem impróprios ao consumo ou lhes diminuam o valor, assim como por aqueles decorrentes da disparidade com as indicações constantes da oferta ou mensagem publicitária, podendo o consumidor exigir, alternativamente e à sua escolha:
>
> I – a reexecução dos serviços, sem custo adicional e quando cabível;
>
> II – a restituição imediata da quantia paga, monetariamente atualizada, sem prejuízo de eventuais perdas e danos;
>
> III – o abatimento proporcional do preço.
>
> § 1º A reexecução dos serviços poderá ser confiada a terceiros devidamente capacitados, por conta e risco do fornecedor.

§ 2º São impróprios os serviços que se mostrem inadequados para os fins que razoavelmente deles se esperam, bem como aqueles que não atendam as normas regulamentares de prestabilidade. (Brasil, 1990)

O Superior Tribunal de Justiça reconhece, inclusive, a possibilidade de o consumidor exigir o cumprimento forçado da obrigação de entregar o produto adquirido pela internet, como entendeu no Recurso Especial n. 1.872.048/RS:

> RECURSO ESPECIAL. DIREITO DO CONSUMIDOR. AÇÃO DE OBRIGAÇÃO DE FAZER. COMÉRCIO ELETRÔNICO. COMPRA E VENDA DE MERCADORIA PELA INTERNET. RECURSA AO CUMPRIMENTO DA OFERTA. ART. 35 DO CDC. ANTECIPAÇÃO DA TUTELA. AUSÊNCIA DE PRODUTO EM ESTOQUE. CUMPRIMENTO FORÇADO DA OBRIGAÇÃO. POSSIBILIDADE. PROVIMENTO. 1. Cuida-se de ação de obrigação de fazer, com pedido de antecipação de tutela, ajuizada em razão do descumprimento da entrega de mercadoria adquirida pela internet, fundada na alegação de ausência de estoque do produto. 2. Recurso especial interposto em: 05/08/2019; conclusos ao gabinete em: 02/03/2020; aplicação do CPC/15. 3. O propósito recursal consiste em determinar se, diante da vinculação do fornecedor à oferta, a alegação de ausência de produto em estoque é suficiente para inviabilizar o pedido do consumidor pelo cumprimento forçado da obrigação, previsto no art. 35, I, do CDC. 4. No direito contratual clássico, firmado entre pessoas que se presumem em igualdades de condições, a proposta é uma firme manifestação de vontade, que pode

ser dirigida a uma pessoa específica ou ao público em geral, que somente vincula o proponente na presença da firmeza da intenção de concreta de contratar e da precisão do conteúdo do futuro contrato, configurando, caso contrário, mero convite à contratação. 5. Como os processos de publicidade e de oferta ao público possuem importância decisiva no escoamento da produção em um mercado de consumo em massa, conforme dispõe o art. 30 do CDC, a informação no contida na própria oferta é essencial à validade do conteúdo da formação da manifestação de vontade do consumidor e configura proposta, integrando efetiva e atualmente o contrato posteriormente celebrado com o fornecedor. 6. Como se infere do art. 35 do CDC, a recusa à oferta oferece ao consumidor a prerrogativa de optar, alternativamente e a sua livre escolha, pelo cumprimento forçado da obrigação, aceitar outro produto, ou rescindir o contrato, com direito à restituição de quantia eventualmente antecipada, monetariamente atualizada, somada a perdas e danos. 7. O CDC consagrou expressamente, em seus arts. 48 e 84, o princípio da preservação dos negócios jurídicos, segundo o qual se pode determinar qualquer providência a fim de que seja assegurado o resultado prático equivalente ao adimplemento da obrigação de fazer, razão pela qual a solução de extinção do contrato e sua conversão em perdas e danos é a última ratio, o último caminho a ser percorrido. 8. As opções do art. 35 do CDC são intercambiáveis e produzem, para o consumidor, efeitos práticos equivalentes ao adimplemento, pois guardam relação com a satisfação da intenção validamente manifestada ao aderir à oferta do fornecedor, por meio da previsão de resultados práticos equivalentes ao adimplemento da obrigação de fazer ofertada ao público. 9. A impossibilidade do cumprimento da obrigação de entregar coisa, no contrato de compra e venda, que é consensual, deve ser restringida exclusivamente à inexistência absoluta do produto, na hipótese em que não há estoque e não haverá mais, pois aquela espécie, marca e modelo não é mais fabricada. 10. Na hipótese dos autos, o acórdão recorrido impôs à recorrente a adequação de seu pedido às hipóteses dos incisos II e III do art. 35 do CDC, por considerar que a falta do produto no estoque do fornecedor impediria o cumprimento específico da obrigação. 11. Recurso especial provido. (Brasil, 2021)

Para ilustrar o que ora defendemos, vale apresentar ementa de acórdão proferido pelo Tribunal de Justiça do Estado do Paraná, que reconhece, como vício do serviço, o atraso na entrega de produtos adquiridos pela internet:

> Recursos de Apelação Cível – Ação de Obrigação de Fazer C/C indenização por danos morais – Aparelho de monitoramento de diabetes adquirido pela internet – Atraso na entrega e posterior cancelamento do pedido sem a devolução do valor pago pelo consumidor – Responsabilidade solidária entre as rés – Cadeia econômica de produção, circulação e distribuição dos produtos evidenciada – Inteligência dos arts. 7º, parágrafo único, 18 e 25, §1º, todos do CDC – Vício na prestação do serviço – Responsabilidade objetiva – Precedentes – Dano moral configurado – Manutenção do quantum – Aplicabilidade do art. 85, §11, CPC/15 e majoração dos honorários advocatícios ao percentual máximo permitido pelo §2º do referido artigo.

Recursos de apelação 01 e 03 não providos. Parcela do pedido do recurso de apelação 02 que restou prejudicado e, no mais, não provido. (Paraná, 2021)

— 4.6.2 —
Responsabilidade pelo fato do serviço

O problema na entrega do produto pode ultrapassar a esfera da mera má prestação de serviço de entrega e causar outros prejuízos ao consumidor. Imaginemos um advogado que adquira, pela internet, um computador para o exercício de sua atividade profissional. Com o atraso na entrega, por exemplo, sua atividade pode ficar prejudicada, com eventuais perdas financeiras, que, portanto, deverão ser ressarcidas. Nesse caso, quando o prejuízo extrapola o da má prestação do serviço, temos o **fato do serviço**, previsto no art. 14 do CDC, a saber:

> Art. 14. O fornecedor de serviços responde, independentemente da existência de culpa, pela reparação dos danos causados aos consumidores por defeitos relativos à prestação dos serviços, bem como por informações insuficientes ou inadequadas sobre sua fruição e riscos.
>
> § 1º O serviço é defeituoso quando não fornece a segurança que o consumidor dele pode esperar, levando-se em consideração as circunstâncias relevantes, entre as quais:
>
> I – o modo de seu fornecimento;
>
> II – o resultado e os riscos que razoavelmente dele se esperam;
>
> III – a época em que foi fornecido. (Brasil, 1990)

Entendemos que, em situações como a do exemplo anterior, o consumidor terá o direito de ser indenizado por danos materiais, os quais deverão ser comprovados, e por danos morais. Ressaltamos que, em relação aos danos morais, há divergência jurisprudencial sobre o assunto, sendo tendência os tribunais entenderem que o atraso é motivo de mero aborrecimento.

Vale transcrever ementa de decisão do Tribunal de Justiça de Rondônia reconhecendo o direito do consumidor de ser indenizado:

> Apelação cível. Ação de indenização. Dano moral e material. Aquisição de produto. Compra realizada pela internet. Mercadoria paga e não entregue. Retenção dos valores pagos pelo consumidor. Desídia do fornecedor com o consumidor. Dano moral caracterizado. Falha na prestação do serviço. Quantum indenizatório. A falha na entrega de mercadoria adquirida pela internet, por si só, não configura dano moral, pois, se trata de mero descumprimento contratual. Contudo, quando a empresa resiste em solucionar a questão, não promovendo a devolução dos valores pagos pelo produto, retendo indevidamente certa quantia, configura-se a falha na prestação do serviço que supera a barreira do mero dessabor, trazendo diversos transtornos para a vida do consumidor. Assim, incorrendo a apelante em conduta ilícita, ou no mínimo negligente, está obrigada a ressarcir o dano moral que deu causa, devendo a indenização medir-se pela extensão do dano. (Rondônia, 2015)

Vale destacar, também, que a responsabilização do consumidor no caso de atraso na entrega de produto adquirido pela internet deve ter por fundamento a proteção à confiança e às legítimas expectativas do consumidor. Ao comprometer-se com um prazo de entrega, o fornecedor gera no consumidor a expectativa de cumprimento da promessa, e, como já visto anteriormente nesta obra, a proteção à confiança é princípio basilar das relações de consumo.

— 4.7 —
Internet, comércio eletrônico e publicidade

É consenso na doutrina consumerista que a publicidade é a grande mola propulsora do consumo. É por meio da publicidade que o fornecedor apresenta ao consumidor seu produto ou serviço, e, portanto, a publicidade é o instrumento da oferta nas relações de consumidor. Essa é a razão pela qual o CDC dispõe, em seus arts. 36 e 37, sobre o regime da publicidade, conceituando a publicidade abusiva e a publicidade enganosa, como veremos adiante.

Em clássica obra sobre publicidade, Carlos Alberto Bittar (1981, p. 73) afirma:

> A publicidade responde, em seu íntimo, a uma necessidade do homem: a de comunicar-se, tornando-se, de outro lado,

centro transmissor de ideias. Com efeito, a mensagem através da qual o bem é apresentado ao público vaza-se, não raro, em termos didáticos, acompanhada, pois, de ensinamentos a respeito da matéria.

A impessoalidade e a satisfação incerta da contratação por meio da publicidade veiculada pela internet impõem, sem qualquer dúvida, o dever de informação do fornecedor, sob pena de total nulidade de futuro contrato, que pode ser declarada em juízo. Caso sequer exista o contrato, é possível, ainda assim, punir o fornecedor, lembrando do que dispõe o art. 29 do Código de Defesa do Consumidor, já que todo potencial consumidor será equiparado ao consumidor.

Destacaremos, aqui, algumas formas pelas quais a publicidade se apresenta ao consumidor e pode ser considerada enganosa ou abusiva. A primeira delas seria o envio de mensagem eletrônica não solicitada, os denominados *spams*, por meio da internet.

Como explica Finkelstein (2004, p. 148), "spam é uma modalidade de abuso no uso do correio eletrônico, geralmente, associada a informes publicitários que não se identificam como tal. É o envio não autorizado de mensagens eletrônicas".

O *spam*[11] é "o envio de mensagens não solicitadas pelo consumidor, com conteúdo publicitário, que configura verdadeira invasão da privacidade e do direito de escolha do consumidor em

---

11 Em inglês, a sigla *spam* significa *sending and posting advertisement in mass*, ou seja, envio e publicação de anúncios em massa, em português.

ter acesso a publicidade de determinados produtos" (Lorenzetti, 2006, p. 242). O *spam*, portanto, deve ser considerado prática abusiva, nos exatos termos do art. 39 do CDC.

Outra forma de publicidade abusiva na internet ocorre por meio da associação de palavras (*metatags*). Essa ferramenta auxilia os mecanismos de busca na internet a localizaram o *site*, no entanto, alguns desenvolvedores de *sites* incluem, nos *sites* que criam, palavras muito usadas pelos internautas a fim de que *sites* de busca relacionem esse *site*, apesar de não ter relação direta com o que, de fato, o internauta procurava (Lorenzetti, 2006).

Segundo Lorenzetti (2006, p. 242), "essa técnica, denominada *metatag*, constitui uma publicidade enganosa frente ao consumidor [...]". O problema, segundo o autor, é que "o *metatag* é invisível aos olhos do consumidor. Os *sites* de busca mostrarão para o consumidor determinado endereço de forma que o consumidor poderá ser manipulado ou induzido a um endereço indesejado" (Lorenzetti, 2006, p. 242).

Segundo Cláudia Lima Marques (2004, p. 180), "no meio virtual, a própria publicidade de imagem do fornecedor pode ser um "caminho" direto para a publicidade de oferta, a desafia ar o princípio da identificação da mensagem publicitária [...]".

Por fim, lembremos dos programas que registram os passos do internauta sem que ele saiba, os chamados *cookies*. Esse instrumento serve para que o *site* de *e-commerce* crie bancos de dados sobre as preferências do consumidor, de modo a possibilitar o envio de publicidade direcionada a seus interesses. Essa técnica também é conhecida como *mineração de dados*.

— 4.7.1 —
Publicidade nas redes sociais e os influenciadores digitais

Atualmente, as questões relacionadas à publicidade na internet voltam-se para a publicidade nas redes sociais digitais. Segundo a Agencia Española de Protección de Datos, citada na publicação A *proteção de dados pessoais nas relações de consumo: para além da informação creditícia*, da Escola Nacional de Defesa do Consumidor, "as redes sociais on-line podem ser definidas como serviços prestados por meio da internet que permitem a seus usuários gerar um perfil público, alimentado por dados e informações pessoais, dispondo de ferramentas que permitam a interação com outros usuários, afim ou não ao perfil publicado" (Brasil, 2010, p. 77).

As redes sociais digitais exercem, atualmente, grande influência sobre a vida das pessoas. Na multidão das grandes cidades, fazer parte de uma rede social digital e interagir com o mundo é uma alternativa para aplacar a solidão. Uma das importantes funcionalidades da tecnologia da informação é a interação entre as pessoas, o contato mediado pela máquina que aproxima os sujeitos e massifica as relações interpessoais.

Com as redes sociais digitais, é possível trocar informações variadas, compartilhar interesses e fortalecer vínculos entre os partícipes.

O acesso democrático e fácil a qualquer uma dessas redes propaga o conhecimento, massifica os contatos e possibilita o acesso a grupos de interesses comuns, fortalecendo os vínculos interpessoais.

Segundo a Escola Nacional de Defesa do Consumidor (Brasil, 2010, p. 75),

> afora as possibilidades de acesso, armazenamento e compartilhamento de informação, a possibilidade de contatos diretos entre pessoas, mediados pelas tecnologias da informação, é um elemento que tradicionalmente torna o meio tecnológico mais palatável e que pode funcionar como um verdadeiro indutor para a adoção massificada de uma determinada tecnologia ou sistema.

André Telles (2018, p. 3) explica que "as redes sociais de internet tiveram seu surgimento por volta do século XXI e que seus conceitos, sob o aspecto sociológico permanecem inalterados". O autor destaca que esse segmento tem chamado a atenção dos empresários, os quais buscam profissionais capacitados para o uso de suas contas nas redes sociais.

Surge, dessa forma, a preocupação com o papel dos influenciadores digitais, pessoas que "despretensiosamente" apresentam produtos na internet sem que, na verdade, fique evidente para o consumidor a função publicitária dessas postagens. O termo *influenciador digital* refere-se às pessoas que se destacam nas redes sociais digitais e são capazes de mobilizar muitos seguidores, pautando opiniões, comportamentos e, até mesmo, criando conteúdos exclusivos.

Segundo Silva e Tessarolo (2016), a divulgação da rotina íntima, dos pensamentos e das preferências de cada um desses influenciadores desperta curiosidade e extremo interesse, ao ponto de seus comportamentos gerarem significativo impacto em determinados temas.

A nosso ver, a publicidade feita por esses influenciadores digitais configura publicidade ilícita, uma vez que é oculta, clandestina e viola o princípio da identificação da publicidade, constante do art. 36 do Código de Defesa do Consumidor. Dispõe esse artigo que "a publicidade deve ser veiculada de tal forma que o consumidor, fácil e imediatamente, a identifique como tal" (Brasil, 1990).

Por fim, vale destacar que os influenciadores digitais têm responsabilidade solidária com o fornecedor relativamente aos produtos que divulgam. Como bem explica Priscila W. Jezler (2017, p. 54-55):

> os influenciadores possuem liberdade de criação, sendo um dos motivos do sucesso da parceria com os fornecedores. A forma que a mensagem consegue ser transmitida, gerando uma maior aceitação dos seguidores, é ocasionado pela originalidade e pelo conteúdo autêntico produzido. Eles se envolvem diretamente com o produto e serviço, dando forma a publicidade, além disto os posts são veiculados em seus perfis pessoais, passando por seu crivo.

Nesse passo, a publicidade simulada é prática ilícita. Diante disso, cumpre-nos enfrentar seu enquadramento como prática enganosa ou abusiva – para ser fiel à terminologia do Código de Defesa do Consumidor.

De acordo com o Código de Defesa do Consumidor, no primeiro caso, **enganosa** é qualquer modalidade de informação ou comunicação de caráter publicitário capaz de induzir ao erro o consumidor a respeito de dados sobre produtos e serviços (Brasil, 1990, art. 37, § 1º). Citando o exemplo clássico, seria a situação de uma empresa anunciar um celular à prova de água que, na verdade, não possui atributos para resistir embaixo d'água.

A publicidade **abusiva**, igualmente definida pelo Código, acontece quando é discriminatória, incita à violência, ao medo ou a comportamento prejudicial ao consumidor, aproveita-se da deficiência de julgamento da criança ou desrespeita o meio ambiente (Brasil, 1990, art. 37, § 2º).

Segundo Flávio Tartuce e Gracileia Monteiro (2015), nos casos de publicidade velada, há uma discrepância entre aparência e essência. Essa discrepância, entretanto, igualmente não prospera com base nas disposições do Código de Defesa do Consumidor, que, no art. 36, prescreve que "a publicidade deve ser veiculada de tal forma que o consumidor, fácil e imediatamente, a identifique como tal" (Brasil, 1990, art. 36).

A publicidade velada é, portanto, aquela promoção comercial escondida, não declarada, evasiva. Atualmente, com frequência, percebemos condutas dessa natureza nas mídias sociais.

O Instagram, por exemplo, por meio de influenciadores digitais e blogueiras(os), em geral, é um aplicativo que comporta diversos tipos de publicidade (De Lira; Araújo, 2015).

Na era da internet, em que as redes sociais digitais se transformaram no principal espaço de construção de identidade e compartilhamento de experiências, quando um conteúdo é transmitido por alguém admirado ou com quem o consumidor se identifica (ou seja, uma figura de autoridade), o papel dos fornecedores e desse novo "agente" precisam ter problematizados pelo direito (De Lira; Araújo, 2015).

Emily Gonzaga de Araújo e Állika Liana Lima de Lira (2015) investigaram, entre outros fatores relacionados ao Instagram, a identificação publicitária em perfis de moda de determinados *bloggers* e *instagrammers* (denominação dada a quem atuam nesses canais). Com base na análise de dois principais perfis de moda (@garotasestupidas e @ricademarre), as pesquisadoras observaram que, das publicações com caráter comercial, apenas quatro tinham algum tipo de identificação publicitária.

Nesse contexto, Lira e Araújo (2015, p. 11) asseveram:

> O problema não é ter anunciantes no perfil de Instagram; a questão é fazê-lo de maneira velada, oculta, confundindo o consumidor através de uma estratégia de propaganda subliminar. A declaração clara e sinalizada dos vínculos publicitários aparece aqui como condição *sine qua non* para garantir a ética e a honestidade dessas blogueiras. Por isso, nas postagens estudadas, observamos que as blogueiras falham em

obedecer a norma do Código de Defesa do Consumidor, que condena o *merchandising* implícito e torna obrigatória a identificação publicitária. Essa falha foi verificada em ambas.

O controle da publicidade no Brasil é chamado de *controle misto*, ou seja, é feito tanto pelo Poder Público quanto pelo Conselho Nacional de Autorregulamentação Publicitária (Conar). Fundado em 1980, o Conar assim explica sua missão:

> Constituído por publicitários e profissionais de outras áreas, o Conar é uma organização não governamental que visa promover a liberdade de expressão publicitária e defender as prerrogativas constitucionais da propaganda comercial. Sua missão inclui, principalmente, o atendimento a denúncias de consumidores, autoridades, associados ou formuladas pelos integrantes da própria diretoria. As denúncias são julgadas pelo Conselho de Ética, com total e plena garantia de direito de defesa aos responsáveis pelo anúncio. Quando comprovada a procedência de uma denúncia, é sua responsabilidade recomendar alteração ou suspender a veiculação do anúncio. O Conar não exerce censura prévia sobre peças publicitárias, já que se ocupa somente do que está sendo ou foi veiculado. Mantido pela contribuição das principais entidades da publicidade brasileira e seus filiados – anunciantes, agências e veículos –, tem sede na cidade de São Paulo e atua em todo o país. (Conar, 2022)

Nos últimos anos, o Conar vem se destacando em manifestações a respeito de publicidade velada nas mídias sociais. Um dos casos, que viralizou na internet, em 2016, foi o da influenciadora digital Gabriela Pugliesi, por ter publicado, em 2015, uma foto no Instagram sobre a nova cerveja da marca Skol com baixo nível de calorias. Após reclamação de consumidores, foi aberta a Representação n. 211/2015 (Conar, 2016), julgada em fevereiro de 2016.

De acordo com a decisão da associação, a referida postagem não identificava com frase de advertência que se tratava de publicidade, bem como a tipologia de anúncio poderia induzir o consumo de bebidas alcoólicas por menores de idade.

Nesse contexto, fica clara a importância da atuação do Conar no acompanhamento das atividades dessas figuras públicas. Prova disso é o Judiciário também já ter se manifestado a respeito da publicidade dos influenciadores digitais no Recurso Especial n. 1.101.949, oriundo do Distrito Federal (Brasil, 2016).

O processo que resultou no citado recurso foi objeto de ação proposta pelo Ministério Público do Distrito Federal na busca pela condenação da agência de publicidade Ogilvy e Mather Brasil Comunicação Ltda., da fabricante de cigarros Souza Cruz S.A., e a produtora de audiovisual Conspiração Filmes Entretenimento S.A. ao pagamento de dano moral coletivo pelos prejuízos causados aos interesses difusos. Discutiu-se, no processo em questão, que as empresas teriam veiculado publicidade subliminar e técnicas de publicidade voltadas diretamente a crianças e adolescentes no intuito de incentivar o uso do tabaco.

Em outras palavras, entendendo que havia conteúdo subliminar na mensagem publicitária divulgada pelas rés – e, mais ainda, tendo a intenção de atingir público hipervulnerável – o Ministério Público distrital ingressou em juízo com intuito de enfrentar a ilicitude perpetrada. O acórdão resultado do julgamento manteve a condenação em danos morais difusos (Brasil, 2016).

Por fim, registramos que esses novos "agentes" da publicidade (influenciadores digitais, *youtubers*, *bloggers*) podem e devem figurar no polo passivo de demandas que tenham como objeto mensagem publicitária veiculadas por eles. Fica evidente, portanto, a importância da tutela do consumidor diante da publicidade abusiva e enganosa, especialmente nas redes sociais, cujos conteúdos influenciam um número indeterminado de pessoas, incentivando o consumo desenfreado e irresponsável.

Capítulo 5

A Quarta Revolução Industrial e o futuro do comércio eletrônico

Após as considerações sobre o *e-commerce*, seu nascimento e a respectiva tutela jurídica, cabem algumas reflexões acerca das expectativas que envolvem o futuro da internet e do comercio eletrônico.

Para ilustrar o que aqui afirmamos, recorremos a Pierre Lévy (2001), segundo o qual vivemos em um império não territorial, ou seja, existe um centro, que é virtual, e que faz sentir sua influência por toda a parte.

É consenso na ciência, inclusive, que vivemos, atualmente, a chamada *Quarta Revolução Industrial*, expressão cunhada por Klaus Swhab (2019) que diz respeito à rapidez e à profundidade com que as alterações tecnológicas estão atingindo a humanidade.

Sobre esse conceito de Klaus Schwab (citado por Piaia; Costa; Willers, 2019, p. 125), ao tratar da Quarta Revolução Industrial, assim explica:

> do conceito é possível estabelecer sua relação com as históricas mudanças provocadas pelas Revoluções Industriais ocorridas desde o século XVIII: a Primeira Revolução Industrial, de 1760, foi caracterizada pela mudança gerada entre o uso da força física e pela adoção da energia mecânica provocada pela construção de ferrovias e pela invenção da máquina a vapor. Já a Segunda Revolução Industrial, surgida no final do século XIX e início do século XX, foi marcada pelo surgimento da eletricidade e da criação da linha de montagem. A partir dos anos sessenta, ocorre a chamada Terceira Revolução Industrial, marcada pelo surgimento do computador, essa revolução

atravessou os anos setenta pela utilização de computadores pessoais e os anos oitenta pelo surgimento da Internet.

Schwab (citado por Piaia; Costa; Willers, 2019, p. 125), afirma que,

> assim como ocorreu nos períodos anteriores, a terceira revolução industrial não ocorreu por causa da existência das tecnologias digitais, mas pelas mudanças que essas tecnologias promoveram no nosso sistema econômico e social. A capacidade de armazenar, processar e transmitir informações em formato digital deu nova forma a quase todas às indústrias e mudou drasticamente a vida profissional e social de bilhões de pessoas.

Klaus Schwab (2019) explica magistralmente, em sua obra A *Quarta Revolução Industrial*, que o século XXI é a era da Revolução Digital, que tem por característica uma internet mais móvel e universal, a inteligência artificial, o *machine learning*[1]. Segundo Schwab (2019), vivemos a era da inteligência artificial, dos drones, das inovações, tanto na área da tecnologia quanto em várias outras do conhecimento humano, como, por exemplo, o sequenciamento genético e a computação quântica, e a Quarta Revolução Industrial envolve conhecimentos importantes nos domínios físicos, digitais e biológicos.

---

1 *Machine learning* é uma tecnologia que possibilita aos computadores a capacidade de aprender, de acordo com as respostas esperadas, por meio associações de diferentes dados, que podem ser imagens, números e tudo que essa tecnologia possa identificar.

Klaus Schwab (2019) também aponta os principais efeitos da Quarta Revolução Industrial aos negócios de todas as indústrias: as expectativas dos clientes estão mudando; os produtos estão sendo melhorados pelos dados, o que melhora a produtividade dos ativos; estão sendo formadas novas parcerias, conforme as empresas aprendem a importância de novas formas de colaboração; e os modelos operacionais estão sendo transformados em novos modelos digitais.

Vale aqui também transcrever as importantes reflexões de Cláudia Lima Marques e Bruno Miragem (2020, p. 94) acerca desse admirável mundo de novos produtos e novos serviços típicos da sociedade que vive a Quarta Revolução Industrial. Para os autores,

> tem especial interesse, no atual estágio de desenvolvimento tecnológico, os denominados bens digitais, também denominados digital assets ou digital property. Assim, por exemplo, as mensagens de correio eletrônico arquivadas, informações, arquivos (fotos, documentos) disponibilizados em rede social ou em site de compras ou e plataformas de compartilhamento de fotos ou vídeos, os softwares que contratam licença de uso on-line (mediante senha ou código) pelo tempo assegurado de fruição, ou arquivos compartilhados em serviços de compartilhamento ou armazenamento de dados (p. ex. o armazenamento em nuvem – cloud computing). Há, nestes casos, interação entre a prestação de um serviço que poderá ser de oferta ou de custódia de bens digitais, espécies de bens incorpóreos cujo interesse legítimo de uso fruição e disposição pertença ao consumidor.

A seguir, trataremos de outros temas que nos levam a compreender adequadamente do que se trata a Quarta Revolução Industrial. Concluiremos que o mundo digital vai além do comércio eletrônico e da internet, ele permeia nossas vidas por meio de inteligência artificial e de tantos outros recursos colocados à disposição de consumidores na prestação de serviços.

— 5.1 —
Smart contracts e internet das coisas: contratos inteligentes, produtos e serviços inteligentes

A revolução tecnológica tem sido responsável por mudanças no comportamento e no modo de vida do ser humano. Produtos, serviços, contratos, realidades jamais pensadas no transcurso da história, hoje, transformam o mundo em um grande campo de experiências inovadoras, não só no comércio eletrônico, mas também na própria forma de pensar institutos clássicos do direito, como é o caso dos contratos.

— 5.1.1 —
Smart contracts, ou contratos inteligentes

Uma grande quebra de paradigmas no direito contratual tem resultado da utilização dos chamados *contratos inteligentes*, ou *smart contracts*.

Quando estudamos o direito contratual clássico, aprendemos que a manifestação de vontade é elemento essencial para a formação do negócio jurídico, entretanto, como explica Bruno Miragem (2019, p. 30), os contratos inteligentes diferenciam-se,

> pelo fato de sua execução, total ou parcialmente, se dar por meio digital, de modo que se submeta a uma programação específica que determine a realização automatizada de ações no interesse dos contratantes. Ou seja, são contratos cuja execução será total ou parcialmente automática, afastando a interferência do comportamento dos contratantes para seu cumprimento.

E o mesmo autor salienta que

> outra transformação recente permitida pela aplicação de tecnologias da informação, e da internet em especial, diz respeito à transformação no modo de execução dos contratos, de modo que não apenas sua celebração se dá de modo automatizodo (ou mediante aceitação virtual do consumidor), senão também a execução, mediante ordens predeterminadas que as partes contratantes definem para que se realizem de modo automático, normalmente por intermédio de software que as viabiliza. Trata-se dos denominados "contratos inteligentes" (ou "smart contracts"), que projetam a padronização dos comportamentos dos contratantes, reduzindo a oportunidade de interação pessoal entre as partes, também

durante a execução do objeto contratual, sempre tendo em vista o interesse útil presumido das partes na contratação. (Miragem, 2019, p. 20)

Vejamos, na Figura 5.1, o que são os contratos inteligentes.

Figura 5.1 – Esquema dos contratos inteligentes

Como funcionam os contratos inteligentes

Vendedor → Combinação entre comprador e vendedor / Câmbio / O contrato recebe ativos. O contrato distribui ativos. → Comprador

O direito de propriedade é incontestável

O acordo é automatizado

Registro

Digitalização da moeda

A confirmação de propriedade se produz de modo automática

MAKSIM ANK/Shutterstock

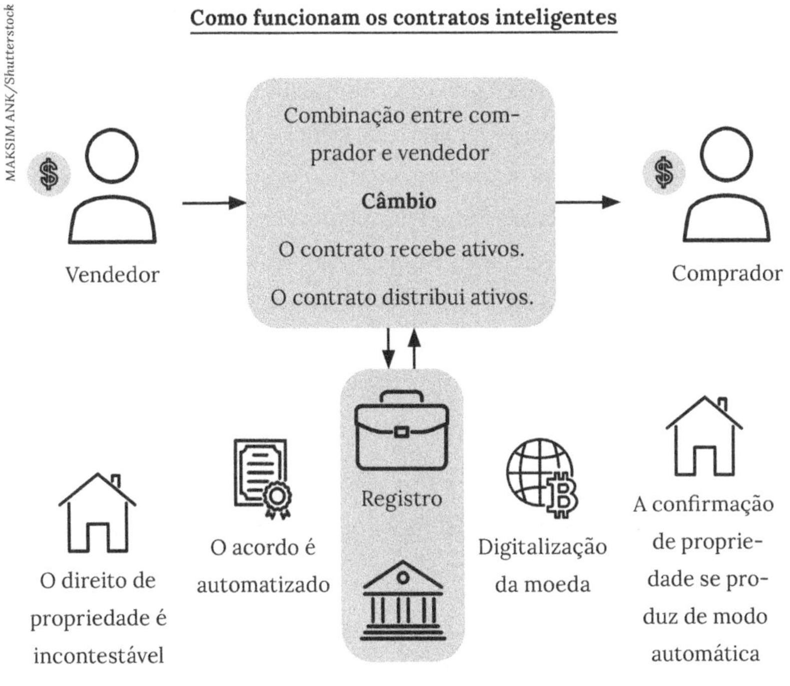

Como explica Bruno Cardoso (2018), o contrato inteligente é "uma inovação disruptiva que está emergindo como uma tendência tecnológica irrefreável e, sobretudo, irreversível". Para melhor compreensão dos contratos inteligentes, é fundamental também compreendermos o que são os *blockchains*.

Como explica Bruno Cardoso (2018), o *blockchain*

> é o conjunto de tecnologias que envolvem uma arquitetura criptográfica distribuída de sistemas computacionais descentralizados, tal qual como um banco de dados permanente e imutável que contém todas as transações que são executadas em todos os nós da rede. É, em verdade, uma tecnologia diferenciada de contabilidade distribuída, ou seja, um livro-razão público e distribuído, em que cada transação é digitalmente assinada com o objetivo de garantir sua autenticidade e garantir que ninguém a adultere, de forma que o próprio registro e as transações existentes dentro dele sejam considerados de alta integridade. Com a Blockchain, as transações eletrônicas podem ser verificadas e registradas automaticamente a partir dos nós presentes na rede por meio de algoritmos criptográficos, sem intervenção humana, autoridade central ou quaisquer pontos de controle, tais como agências governamentais, bancos ou outras entidades centralizadas.

Vejamos, na Figura 5.2, o mecanismo de funcionamento do *blockchain*.

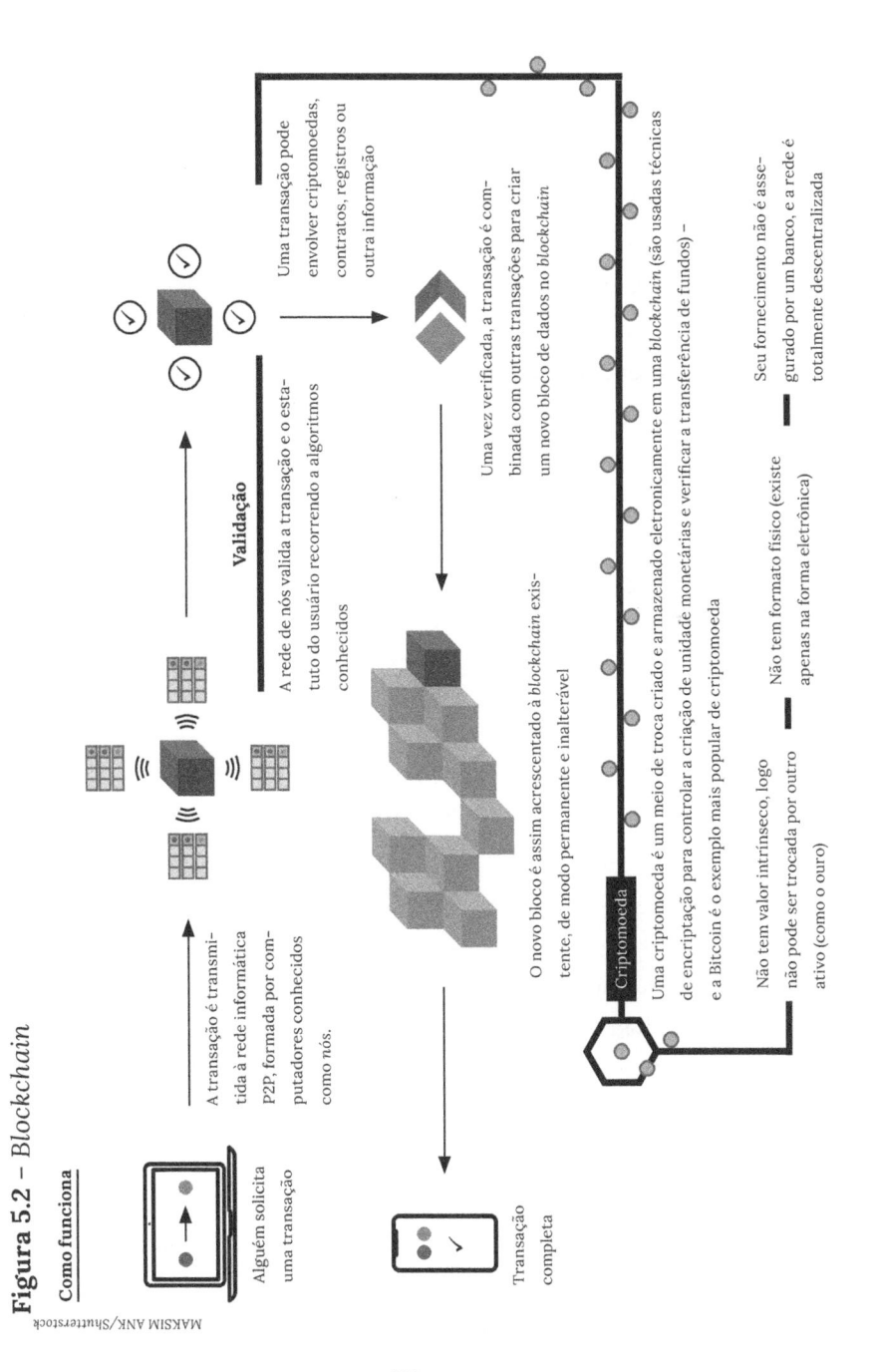

Figura 5.2 – Blockchain

Como funciona

Alguém solicita uma transação

A transação é transmitida à rede informática P2P, formada por computadores conhecidos como nós.

Validação

A rede de nós valida a transação e o estatuto do usuário recorrendo a algoritmos conhecidos

Uma transação pode envolver criptomoedas, contratos, registros ou outra informação

Uma vez verificada, a transação é combinada com outras transações para criar um novo bloco de dados no blockchain

O novo bloco é assim acrescentado à blockchain existente, de modo permanente e inalterável

Transação completa

Criptomoeda

Uma criptomoeda é um meio de troca criado e armazenado eletronicamente em uma blockchain (são usadas técnicas de encriptação para controlar a criação de unidade monetária e verificar a transferência de fundos) – e a Bitcoin é o exemplo mais popular de criptomoeda

— Não tem valor intrínseco, logo não pode ser trocada por outro ativo (como o ouro)

— Não tem formato físico (existe apenas na forma eletrônica)

— Seu fornecimento não é assegurado por um banco, e a rede é totalmente descentralizada

MAKSIM ANK/Shutterstock

Essas tecnologias já fazem parte da realidade das relações de consumo. Bruno Miragem (2019, p. 31) lembra que,

> Nas relações de consumo, a celebração dos contratos inteligentes ("smart contracts") já tem lugar tanto em situações nas quais toda sua celebração e execução pode se dar digitalmente (e.g. a contratação de um seguro, cujo pagamento do prêmio, e eventual regulação e pagamento da indenização possa se dar exclusivamente pela internet), quanto parcialmente (assim a reserva de um hotel ou locação de imóvel pela qual o hóspede ou o locatário receba um código ou senha alfanumérica para acesso ao local pelo período contratado, sem a necessidade de check-in presencial).

No mesmo sentido, Bruno Cardoso (2018) assim esclarece:

> os contratos inteligentes podem: funcionar como contas "multi-assinaturas", de modo que os fundos são gastos apenas quando uma porcentagem exigida de pessoas concordam; gerenciar acordos entre usuários, digamos, se alguém compra um seguro de outro, por exemplo; Fornecer utilidade para outros contratos (semelhante ao funcionamento de uma biblioteca de *software*); Armazenar informações sobre um aplicativo, como informações de registro de domínio ou registros de associação.

A lógica de utilização de contratos inteligentes tem aplicação prática, por ora, nas áreas de logística e na cadeia de suprimentos para a proteção de direitos autorais; nas eleições; na chamada *internet das coisas*; nas leis de propriedade, de veículos, de casas e de telefones, que podem ser ativados, desativados, rastreados e mantidos por meio de contratos inteligentes; no setor imobiliário; nos serviços financeiros; nas aplicações de crédito; nas apólices de seguro; e em várias outras áreas (Cardoso, 2018).

— 5.1.2 —
Internet das coisas

Tão disruptiva quanto a tecnologia dos contratos inteligentes é a denominada *internet das coisas*. Trata-se do uso da internet sobre produtos e serviços, permitindo a conectividade de produtos, para que eles possam coletar e transmitir dados, proporcionando eficiência nos recursos e melhor atendimento às necessidades dos consumidores.

Como afirma Bruno Miragem (2019, p. 21), a internet das coisas "repercute nas relações de consumo, tanto na redefinição do dever de qualidade (finalidade legitimamente esperada do produto ou serviço), quanto em novos riscos que eventual defeito da prestação pode dar causa".

A internet das coisas, segundo definição constante no Decreto n. 9.854, de 25 de junho de 2019[12], que instituiu o Plano Nacional de Internet das Coisas, compreende, portanto, a

> infraestrutura que integra a prestação de serviços de valor adicionado com capacidades de conexão física ou virtual de coisas com dispositivos baseados em tecnologias da informação e comunicação existentes e nas suas evoluções, com interoperabilidade (Brasil, 2019, art. 2º, I).

Certamente, a internet das coisas interfere também nas relações de consumo e representa a possibilidade de novas formas de prestação de serviços pelos ambientes digitais, aperfeiçoando o comércio eletrônico da forma como inicialmente concebido. Bruno Miragem (2019, p. 36-37), novamente em texto e leitura obrigatória, alerta:

> De grande repercussão sobre toda atividade econômica, o desenvolvimento da internet das coisas tem especial impacto no âmbito das relações de consumo, transformando produtos e

---

2   O mesmo Decreto dispõe em seu art. 3º: "São objetivos do Plano Nacional de Internet das Coisas: I - melhorar a qualidade de vida das pessoas e promover ganhos de eficiência nos serviços, por meio da implementação de soluções de IoT; II - promover a capacitação profissional relacionada ao desenvolvimento de aplicações de IoT e a geração de empregos na economia digital; III - incrementar a produtividade e fomentar a competitividade das empresas brasileiras desenvolvedoras de IoT, por meio da promoção de um ecossistema de inovação neste setor; IV - buscar parcerias com os setores público e privado para a implementação da IoT; V - aumentar a integração do País no cenário internacional, por meio da participação em fóruns de padronização, da cooperação internacional em pesquisa, desenvolvimento e inovação e da internacionalização de soluções de IoT desenvolvidas no País" (Brasil, 2019).

serviços já existentes no mercado, e permitindo o surgimento de outros decorrentes dessas inovações tecnológicas. A adoção dos componentes de processamento de dados incorporados a produtos, permitindo que possam transmitir e receber dados a partir de redes existentes – a conectividade por rede é o que caracteriza o fenômeno – já dá origem ao incremento da utilidade de produtos "smart" (aparelhos telefônicos multifuncionais, televisões, geladeiras), na automação das casas, brinquedos (bonecos que falam com crianças), rastreadores e verificadores da condição física e de saúde de pessoas, automóveis de condução remota, entre outros produtos. Prevê-se a extensão do uso da tecnologia a uma infinidade de outros produtos, como vestuário, eletrodomésticos diversos etc.

Aliás, talvez, não apenas novas vulnerabilidades surjam, mas a hipervulnerabilidade do consumidor nas relações de consumo seja, cada vez mais, conceito de ampla análise, já que a legislação consumerista, ou qualquer outra, jamais dará conta de regulamentar satisfatoriamente toda a inovação que a inteligência artificial e as mutações dos meios digitais proporcionam.

— 5.2 —

Inteligência artificial

Os estudos para o nascimento de uma inteligência computacional tiveram início no século XX, por meio das pesquisas elaboradas pelo cientista Alan Turing. No ano de 1950, o pesquisador propôs um jogo com base na possibilidade e na capacidade de adivinhação de sistemas computacionais. Como explicam Jaqueline Silva Paulichi e Valéria Cardin (2020), em artigo que trata da pesquisa, Turing pesquisou a natureza do pensamento e buscou descobrir se as máquinas são capazes de adquirir conhecimento.

Segundo bem explica Bruno Miragem (2019, p. 40),

> O desenvolvimento da tecnologia da informação, a par das inovações de processos tradicionais nas variadas atividades econômicas, com importantes reflexos no mercado de consumo, cruzou uma fronteira sensível que separava o ser humano e suas invenções, com o surgimento da inteligência artificial. Essa noção de inteligência artificial compreende a capacidade de um determinado sistema informatizado não apenas executar comandos pré-programados, mas também interpretar um determinado contexto e atuar sem prévia definição, apenas de acordo com a representação que estabeleça sobre a ação mais adequada para intervir em certa situação.

E continua o autor explicando que "a noção de 'inteligência' reconhecida como capacidade de interpretação da realidade e determinação de uma ação de forma autônoma, independente de comandos anteriores definidos por programação" (Miragem, 2019, p. 40). Ou seja,

> Será "artificial" porque desenvolvida no âmbito da computação e das tecnologias da informação, em oposição àquela natural, reconhecida aos seres humanos. A rigor, uma pessoa

muitas vezes decide o que fazer, avaliando os resultados das diferentes possibilidades de ações que pode realizar. Um programa inteligente deverá fazer o mesmo, mas usando processo lógico, capaz de identificar e demonstrar as alternativas sem deixar de considerar que se trata, em última análise, de uma máquina. (Miragem, 2019, p. 40)

A inteligência artificial impacta diretamente no modo de vida das pessoas, já que facilita a realização de tarefas das mais básicas às mais complexas. Tomasevicius Filho (2018, p. 135-136), professor de Direito Civil, conceitua *inteligência artificial* como

> o conjunto de rotinas lógicas que, aplicadas no campo da ciência da computação, permite aos computadores dispensar a necessidade de supervisão humana na tomada de decisões e na interpretação de mensagens analógicas e digitais. Isso é possível ante a capacidade do sistema de adaptar-se por conta própria às necessidades humanas, por meio do uso de dados de experiências pretéritas armazenados nas memórias, tomando decisões com um mínimo de "livre-arbítrio".

Mas, afinal, como pode a inteligência artificial impactar as relações de consumo? Novamente, Bruno Miragem (2019, p. 21, grifo do original) deve ser citado para esclarecer a questão:

> Na mesma linha, a multiplicação da capacidade de processamento de dados dá causa ao desenvolvimento de *softwares* para interpretação de dados externos ou ambientais, de modo

a determinar a atividade consequente de objetos inanimados (produtos, e.g.), o que está na origem da denominada inteligência artificial (*Artificial intelligence* ou AI), e permite, inclusive, a possibilidade de autoaperfeiçoamento do próprio bem, a partir do uso da linguagem (*machine learning*). Nesse caso, a adoção da inteligência artificial em produtos e serviços permite um grau de automatização na relação entre o fornecedor e o consumidor, reduzindo a interação entre ambos e intensificando a padronização do atendimento ou do fornecimento de produtos ou serviços. A repercussão na relação de consumo pode ser vislumbrada tanto pela maior agilidade ou precisão no atendimento do interesse do consumidor, quanto pela potencialização dos riscos decorrentes de um vício ou defeito na interpretação a ser feita pelo sistema informatizado em relação a dados externos e sua resposta automatizada.

Os desafios do direito frente à inteligência artificial são inúmeros. Embora não seja este o objeto deste estudo, precisamos pensar a respeito da possibilidade e da necessidade de regulação da atuação da inteligência artificial, por exemplo. Questões como responsabilidade civil, responsabilidade contratual e tantas outras que afetam o universo jurídico virão à tona com o desenvolvimento e o incremento da inteligência artificial, e caberá ao direito tentar acompanhar o fenômeno.

— 5.3 —
Comércio eletrônico em um mundo pós-pandemia: perspectivas para o futuro

Eis que, no ano de 2020, uma pandemia toma de assalto nossas vidas e modifica completamente o modo como nos relacionamos com o mundo e com as pessoas. Tratando dos impactos da pandemia, Daniel Ferreira (2020, p. 1) comenta:

> O ano de 2020 ficará seguramente marcado para a história mundial como o ano da pandemia motivada pelo vírus Sars-Cov2, causador da, até agora, mais devastadora doença deste século XXI, a covid-19. As alterações forçadas nas rotinas diárias de biliões de seres humanos em todo o planeta, motivada pela necessidade de confinamento e de isolamento social, trouxeram já profundas consequências socioeconómicas, que levarão ainda vários anos a equilibrar, e ainda não vislumbramos quando poderá terminar a crise pandémica que atravessamos.

Com as recomendações de isolamento e distanciamento social, surgiu a necessidade de o consumidor se adaptar a novas formas, por vezes pouco conhecidas, de adquirir produtos e serviços. Durante os períodos de fechamento do comércio não essencial, foi preciso recorrermos ao comércio eletrônico e aos serviços de entrega. Essa necessidade chegou a aumentar em até 180% as demandas de algumas categorias, como a de alimentos e de saúde, como indica notícia do jornal on-line A *cidade on* (2020).

Segundo D'Angelo (2020), pesquisa realizada pela OpinionBox entre os dias 1º e 3 de abril de 2020 registrou algumas das principais mudanças de comportamento dos brasileiros durante a pandemia. A pesquisa contou com 2.070 entrevistados, pessoas maiores de 16 anos, respeitando as proporções de sexo, faixa etária, renda familiar e região do Brasil onde moram. 94% dos entrevistados relataram estar praticando algum tipo de isolamento, e a maioria deles, 56%, cumpria o isolamento social, ou seja, só saía de casa para realizar tarefas consideradas essenciais, como ir ao supermercado ou à farmácia.

No âmbito do consumo, a pesquisa investigou as categorias mais compradas ou contratadas pelos entrevistados, sendo elas: serviços de farmácia e supermercado na função *delivery*, com 39% de aumento cada, e *delivery* de comida, com 37% de aumento. É possível perceber que a compra de produtos e serviços essenciais na modalidade de entrega foi a categoria com maior aumento, embora tenha sido a atividade que foi mantida pela maior parte dos entrevistados, ainda que em isolamento social. Isso demonstra um fator comportamental do consumidor brasileiro durante a pandemia que dá preferência ao essencial sobre o supérfluo. Por outro lado, a categoria de serviços que mais sofreu queda em suas contratações foi a de motoristas de aplicativo e táxi, com queda de 60% na demanda de serviços.

Quanto ao consumo de produtos, já era de se esperar que os produtos de limpeza e de higiene pessoal teriam procura, com aumento de 40% e 37% nas compras, respectivamente. Em meio à pandemia de covid-19, o comércio precisou adaptar-se às restrições de horários e fluxo de consumidores, o que motivou a abertura de mais de 107 mil novos *e-commerces* no Brasil, a partir de abril de 2020, em apenas dois meses, resultando em quase uma loja virtual por minuto, conforme levantamento da Associação Brasileira de Comércio Eletrônico (Doxxa, 2020).

Todavia, é fato notório que, no comércio eletrônico, a vulnerabilidade do consumidor é agravada tanto pela falta de informações adequadas quanto pelos problemas na entrega dos produtos adquiridos, e a situação acentuou-se ainda mais no período de pandemia da covid-19.

É certo também que as mudanças no comportamento do consumidor que aconteceram durante o período da pandemia serão permanentes, com tendência de que o mercado precise adaptar-se investindo na automação, em novos serviços, drones e robôs, com significativas mudanças, portanto, nas condições de oferta de produtos e serviços.

A pesquisa *Diagnóstico nacional do consumidor vítima de conduta abusiva durante a pandemia*, realizada pela Fipe (Fundação de Pesquisas Econômicas), em parceria com a Promotoria de Justiça de Defesa do Consumidor de Belo Horizonte, Minas Gerais, ouviu 2 mil pessoas durante o período de novembro de 2020 a janeiro de 2021, nas 27 unidades federativas (Minas Gerais, 2020). Esse diagnóstico mostrou que, de fato, a tendência é que os hábitos de consumo adquiridos durante a pandemia tendem a se perpetuar, conforme mostra a Figura 5.3.

Figura 5.3 – Consumo durante a pandemia

Hábitos do consumidor

As mudanças nos hábitos de consumo permanecerão após o fim da pandemia?

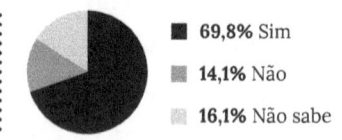

- **69,8%** Sim
- **14,1%** Não
- **16,1%** Não sabe

Acha que os órgãos de proteção e defesa do consumidor estão cumprindo o seu papel durante a pandemia?

- **33,2%** Razoavelmente bem
- **17,3%** Muito bem
- **17,9%** Não está bom
- **11,4%** Não sabe avaliar

Houve mudança nos hábitos de consumo durante a pandemia?

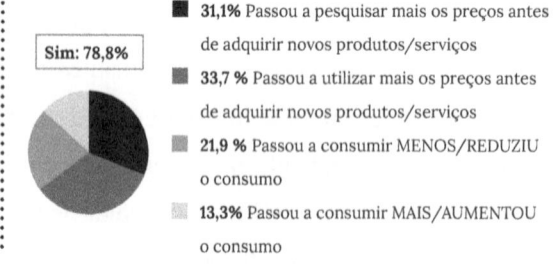

Sim: 78,8%

- **31,1%** Passou a pesquisar mais os preços antes de adquirir novos produtos/serviços
- **33,7 %** Passou a utilizar mais os preços antes de adquirir novos produtos/serviços
- **21,9 %** Passou a consumir MENOS/REDUZIU o consumo
- **13,3%** Passou a consumir MAIS/AUMENTOU o consumo

Para pagar as contas durante a pandemia, você:

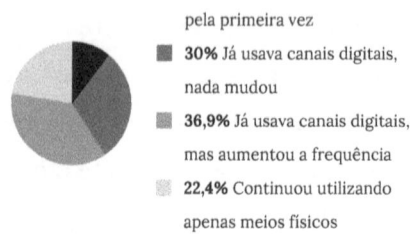

- **10,7%** Fez uso de canais digitais pela primeira vez
- **30%** Já usava canais digitais, nada mudou
- **36,9%** Já usava canais digitais, mas aumentou a frequência
- **22,4%** Continuou utilizando apenas meios físicos

Fonte: Minas Gerais, 2020, p. 4.

Essa inevitável constatação nos leva à necessidade de entender que grupos de consumidores hipervulneráveis, como os idosos, tendem a enfrentar ainda algumas dificuldades no futuro próximo. Luciane Vieira e Ana Cândido Cipriano (2021, p. 113) observam, com propriedade:

> Importante também considerar que, consumidores vulneráveis e, em situação de desvantagem, tiveram suas vulnerabilidades ainda mais intensificadas durante a pandemia causada pela Covid-19. São esses consumidores hipervulneráveis que sofrem mais dificuldades no acesso a bens e serviços. A dificuldade no manuseio de computadores e outras ferramentas que permitem o acesso a serviços ofertados na modalidade on-line é latente entre a população idosa, demonstrando a necessidade de se trabalhar a educação e a inclusão digital. Outro fator que deve ser considerado é o próprio fornecimento do serviço de telecomunicações que, de repente, passou a ter uma maior demanda no mundo inteiro. O impacto da migração de diversos setores para plataformas on-line deve, portanto, ser acompanhado de ferramentas adequadas de acesso à informação, resolução de litígios e reparação. Uma vez que os consumidores compram através do e-commerce, também devem ser capazes de resolver problemas, dúvidas, litígios e reparação no mesmo formato digital.

As autoras também citam a recomendação feita pela United Nations Conference on Trade and Development (Unctad, Conferência das Nações Unidas sobre Comércio e Desenvolvimento), com nove orientações específicas aos governos de seus

Estados-Membros, as quais objetivam proteger os consumidores por meio das boas práticas comerciais no período pandêmico e pós-pandêmico, o que inclui a eficiência no comércio eletrônico. Conforme a organização internacional referida, é necessário:

> 1. Estabelecer mecanismos de coordenação compostos por autoridades governamentais relevantes, incluindo saúde, alfândegas, defesa do consumidor e autoridades de concorrência para garantir respostas coerentes.
>
> 2. Estabelecer iniciativas especiais de monitoramento de mercado para bens de consumo essenciais, incluindo aqueles que ajudam a conter infecções, como máscaras e desinfetantes para as mãos.
>
> 3. Avaliar a viabilidade de impor tetos de preços para determinados produtos, como máscaras e desinfetantes para as mãos.
>
> 4. Tomar medidas coercivas contra aumentos excessivos de preços ou cortes de mercadorias; publicidades enganosas e falsas.
>
> 5. Instar as principais plataformas online a cooperar na identificação de tais práticas.
>
> 6. Atender às necessidades dos consumidores vulneráveis e desfavorecidos, principalmente para garantir seu acesso a bens e serviços essenciais, como água, energia e serviços financeiros.
>
> 7. Considerar a possibilidade de prorrogação de prazos para pagamento de contas mensais de serviços públicos e cartões de crédito, em cooperação com instituições financeiras.

8. Lançar campanhas para informar os consumidores sobre fraudes e práticas comerciais enganosas e desleais relacionadas à COVID-19; e sobre como registrar reclamações, mostrando as vias de reparação.

9. Cooperar com outras agências de proteção ao consumidor, trocando informações sobre políticas e medidas nacionais relacionadas ao coronavírus no campo da proteção ao consumidor. (Unctad, 2020, tradução nossa)

Embora o futuro seja incerto e o ambiente de insegurança e desconfiança atualmente façam parte do nosso cotidiano, acreditamos ser possível prever com alguma margem de acerto como será o comércio eletrônico pós-pandemia. Boaventura de Souza Santos (2020, p. 5) já afirmou: "é possível conhecer melhor a verdade e a qualidade das instituições de dada sociedade em situações de normalidade, de funcionamento corrente, ou em situações excepcionais de crise".

Santos (2020, p. 6) lembra que,

> em cada época história, os modos dominantes de viver (trabalho, consumo, lazer, convivência) e de antecipar ou adiar a morte são relativamente rígidos e parecem decorrer das regras escritas na pedra da natureza humana. É verdade que eles vão se alterando paulatinamente, mas as mudanças passam quase sempre despercebidas. A irrupção de uma pandemia não se compagina com tal tipo de mudanças. Exige transformações drásticas.

Paradigmas importantes foram descontruídos com a pandemia da covid-19. Para Boaventura de Souza Santos (2020, p. 23), a pandemia não é fruto do acaso, pelo contrário, trata-se de "uma manifestação entre muitas do modelo de sociedade que começou a se impor globalmente a partir do século XVII e que está hoje a chegar à sua etapa final". O autor reforça que "A nova articulação pressupõe uma viragem epistemológica, cultural e ideológica que sustente as soluções políticas, económicas e sociais que garantam a continuidade da vida humana digna no planeta" (Santos, 2020, p. 31).

Manuel Castells (2020), com maestria, aduz sobre o fato de a humanidade enfrentar, a partir de agora, uma redefinição (um *reset*), uma mudança, nas formas de produção, nas formas de convivência e de aprendizado. Para o autor, entretanto,

> o maior *reset* é aquele que está acontecendo em nossas cabeças e vidas. É termos percebido a fragilidade de tudo o que acreditávamos garantido, da importância dos afetos, do recurso da solidariedade, da importância do abraço – e que ninguém vai nos tirar, porque mais vale morrer abraçados do que viver atemorizados. (Castells, 2020)

Embora o futuro seja incerto, e o ambiente de insegurança e desconfiança hoje façam parte do nosso cotidiano, resta-nos a esperança na construção de uma nova, e melhor, realidade futura.

Considerações finais

Nesta obra, buscamos apresentar alguns aspectos importantes do *e-commerce*, fenômeno que teve início no século XX, mas adentrou o século XXI com força total e revolucionou a forma de contratar.

Para tanto, abordamos o surgimento da internet e a Revolução Digital, que teve início ainda em meados do século XX. Tratamos da origem dos computadores, da internet e do comércio eletrônico. Alguns números foram apresentados para ilustrar a importância do fenômeno de *e-commerce* na evolução do comércio mundial. Examinamos, também, as formas de comércio eletrônico, como o comércio *business to business* (B2B), *business* to *consumer* (B2C), *consumer to administration* (C2A) e o *marketplace*.

Trouxemos para o debate os diplomas legais disponíveis no Brasil que regulamentam o fenômeno, como o Marco Civil da Internet, a Lei Geral de Proteção de Dados e, por óbvio, o Código de Defesa do Consumidor, lei de ordem pública e de interesse social que trata das relações entre consumidores e fornecedores. Nesse contexto, relevante questão diz respeito ao chamado *diálogo entre as fontes*, teoria relevantíssima para a análise e a resolução de antinomias entre normas aplicáveis ao *e-commerce*.

Na sequência, tratamos dos contratos como instrumento de circulação de riquezas, negócio jurídico já regulamentado pelo Código Civil, assim como dos contratos eletrônicos, instrumentos de formalização de negócios jurídicos do *e-commerce*, com suas especificidades. Temas como formação do contrato eletrônico, requisitos de validade, força obrigatória dos contratos eletrônicos e princípios aplicáveis ao direito contratual foram objetos de análise mais aprofundada para tornar mais simples a compreensão das contratações que têm a internet como meio de formalização.

Também enfatizamos o reconhecimento dos contratos firmados pelo comércio eletrônico como relação de consumo. Apresentamos o conceito de consumidor e de fornecedor, e, especialmente, abordamos o reconhecimento da vulnerabilidade aprofundada no comércio eletrônico, conhecida como *hipervulnerabilidade*. Buscamos, ainda, evidenciar a responsabilidade dos fornecedores segundo o Código de Defesa do Consumidor, abrangendo a responsabilidade solidária entre os fornecedores. Também demos espaço ao direito de arrependimento e à responsabilidade do fornecedor nos casos de atraso na entrega ou mesmo de não entrega do produto adquirido pela internet. Analisamos, ainda, a publicidade no comércio eletrônico, a atuação dos influenciadores digitais e os instrumentos de assédio ao consumo disponíveis pelas redes digitais.

Por fim, tecemos considerações sobre a Quarta Revolução Industrial e o futuro do comércio eletrônico, especialmente, após a pandemia da covid-19, que fez com que o comércio eletrônico atingisse um número ainda maior de consumidores. A chamada *Revolução* 4.0 foi apresentada de modo breve, para a compreensão dos operadores do direito e de profissionais de outras áreas que pretendam conhecer o fenômeno.

É certo que o *e-commerce*, ou comércio eletrônico, é um caminho sem volta. Com a Revolução Digital, a inteligência artificial e outras formas de tecnologias que ainda estão para surgir, o futuro, certamente, reserva para a internet um espaço gigantesco na vida de todos nós.

Referências

A CIDADE ON. **Isolamento social movimenta comércio eletrônico brasileiro**. 25 mar. 2020. Disponível em: <https://www.acidadeon.com/cotidiano/coronavirus/NOT,0,0,1494486,isolamento+social+movimenta+o+e+commerce+brasileiro.aspx>. Acesso em: 21 mar. 2022.

AMAPÁ. Tribunal de Justiça. Recurso Inominado n. 00273321720 198030001. Relator: Ministro Reginaldo Gomes de Andrade. Julgado em: 11/02/2020. **JusBrasil**. Disponível em: <https://tj-ap.jusbrasil.com.br/jurisprudencia/810748648/recurso-inominado-ri-273321720198030001-ap>. Acesso em: 21 mar. 2022.

AMARAL NETO. F. dos S. **Direito civil**: introdução. 5. ed. Rio de Janeiro: Renovar, 2003.

ANGELO, T. Plataforma de marketplace e vendedores têm responsabilidade solidária, diz juiz. **Consultor Jurídico**, 10 dez. 2020. Disponível em: <https://www.conjur.com.br/2020-dez-10/plataforma-marketplace-vendedores-responsabilidade-solidaria>. Acesso em: 21 mar. 2022.

ARRUDA JÚNIOR. I. O Código do Consumidor e a internet. Quando aplicar? **Revista Jus Navigandi**, ano 6, n. 51, 1 out. 2001. Disponível em: <https://jus.com.br/artigos/2252>. Acesso em: 21 mar. 2022.

AZEVEDO, F. C.; OLIVEIRA, L. D. M. O efeito "matriosca": desvendando as especificidades dos grupos universais hipervulneráveis de consumidores nas relações jurídicas de consumo. **Revista de Direito, Globalização e Responsabilidade nas Relações de Consumo**, v. 4, n. 2, p. 88-107, 2018. Disponível em: <https://www.indexlaw.org/index.php/revistadgrc/article/view/5108/pdf>. Acesso em: 21 mar. 2022.

BAGGIO, A. C. Confiança e responsabilidade nas relações de consumo: considerações acerca dos sites de compras coletivas. **Revista Ius Gentium**, v. 9, n. 5, p. 17-45, 2014. Disponível em: <https://www.revistasuninter.com/iusgentium/index.php/iusgentium/issue/view/13>. Acesso em: 21 mar. 2022.

BAGGIO, A. C. Publicidade de medicamentos, automedicação e a (hiper) vulnerabilidade do consumidor idoso. In: OLIVEIRA, A. J. G.; XAVIER, L. P. (Org.). **Repensando o direito do consumidor III – 25 anos de CDC: conquistas e desafios**. Curitiba: OABPR, 2015a, p. 200-225. (Coleção Comissões, v. XIX). Disponível em: <http://www2.oabpr.org.br/downloads/REPENSANDO_O_DIREITO_DO_CONSUMIDOR.pdf>. Acesso em: 21 mar. 2022.

BAGGIO, A. C. Redes contratuais e responsabilidade pela publicidade enganosa nas relações de consumo realizadas pela internet. **Revista Ius Gentium**, v. 11, n. 6, p. 26-48, 2015b. Disponível em: <https://www.revistasuninter.com/iusgentium/index.php/iusgentium/issue/view/15>. Acesso em: 21 mar. 2022.

BAGGIO, A. C. **Sociedade de consumo e o direito do consumidor construído a partir da teoria da confiança**. 216 f. Tese (Doutorado em Direito Econômico e Socioambiental) – Pontifícia Universidade Católica do Paraná, Curitiba, 2010. Disponível em: <https://www.biblioteca.pucpr.br/tede/tde_arquivos/1/TDE-2011-07-21T082142Z-1654/Publico/Andreza.pdf>. Acesso em: 21 mar. 2022.

BARRETO, R. de M. Contrato eletrônico como cibercomunicação jurídica. **Revista Direito GV**, v. 5, n. 2, p. 443-458, 2009. Disponível em: <https://www.scielo.br/j/rdgv/a/gKxwQFW98C4yS4v5xNQXP7F/?format=pdf&lang=pt>. Acesso em: 21 mar. 2022.

BARROS, F. L. M. Dos contratos eletrônicos no direito brasileiro. **Revista Jus Navigandi**, ano 5, n. 48, 1º dez. 2000. Disponível em: <https://jus.com.br/artigos/1795>. Acesso em: 21 mar. 2022.

BEHRENS, F. **Assinatura eletrônica e negócios jurídicos**. Curitiba: Juruá, 2007.

BENJAMIN, A. H. V.; MARQUES, C. L.; BESSA, L. R. **Manual de direito do consumidor**. 5. ed., rev., atual. e ampl. São Paulo, Revista dos Tribunais, 2013.

BESSA, L. R.; MOURA, W. J. F. de. **Manual de Direito do Consumidor**. 4. ed. rev. e atual. Brasília: Escola Nacional de Defesa do Consumidor, 2014.

BEVILÁQUA, C. **Direito das obrigações**. Rio de Janeiro: Editora Rio, 1977.

BITTAR, C. A. **Direito de autor na obra publicitária**. São Paulo: Revista dos Tribunais, 1981.

BOUZO, R. Marketplace: crescimento no contexto da pandemia de covid-19 e responsabilidades jurídicas. **Revista de Direito e as Novas Tecnologias**, v. 10, ano 2021, jan.-mar./2021. Disponível em: <http://conhecimento.tjrj.jus.br/documents/5736540/7186707/MarketplaceCrescimentonocontextodapandemiadecovid-19.pdf>. Acesso em: 21 mar. 2022.

BRANCO, G. L. C. A proteção das expectativas legítimas derivadas das situações de confiança: elementos formadores do princípio da confiança e seus efeitos. **Revista de Direito Privado**, v. 3, n. 12, p. 169-225, out./dez. 2002.

BRASIL. Decreto n. 7.962, de 15 de março de 2013. **Diário Oficial da União**, Brasília, DF, 15 mar. 2013. Disponível em: <http://www.planalto.gov.br/ccivil_03/_ato2011-2014/2013/decreto/d7962.htm>. Acesso em: 21 mar. 2022.

BRASIL. Decreto n. 9.854, de 25 de junho de 2019. **Diário Oficial da União**, Brasília, DF, 26 jun. 2019. Disponível em: <http://www.planalto.gov.br/ccivil_03/_ato2019-2022/2019/decreto/D9854.htm>. Acesso em: 21 mar. 2022.

BRASIL. Lei n. 3.071, de 1º de janeiro de 1916. **Diário Oficial da União**, Rio de Janeiro, RJ, 5 jan. 1916. Disponível em:<http://www.planalto.gov.br/ccivil_03/leis/l3071.htm>. Acesso em: 21 mar. 2022.

BRASIL. Lei n. 8.078, de 11 de setembro de 1990. **Diário Oficial da União**, Brasília, DF, 12 set. 1990. Disponível em: <http://www.planalto.gov.br/ccivil_03/leis/l8078compilado.htm>. Acesso em: 21 mar. 2022.

BRASIL. Lei n. 10.406, de 10 de janeiro de 2002. **Diário Oficial da União**, Brasília, DF, 11 jan. 2002. Disponível em: <http://www.planalto.gov.br/ccivil_03/leis/2002/l10406compilada.htm>. Acesso em: 21 mar. 2022.

BRASIL. Lei n. 10.741, de 1º de outubro 2003. **Diário Oficial da União**, Brasília, DF, 3 out. 2003. Disponível em: <http://www.planalto.gov.br/ccivil_03/leis/2003/l10.741.htm>. Acesso em: 21 mar. 2022.

BRASIL. Lei n. 12.965, de 23 de abril de 2014. **Diário Oficial da União**, Brasília, DF, 24 abr. 2014. Disponível em: <http://www.planalto.gov.br/ccivil_03/_ato2011-2014/2014/lei/l12965.htm>. Acesso em: 21 mar. 2022.

BRASIL. Lei n. 13.105, de 16 de março de 2015. **Diário Oficial da União**, Brasília, DF, 17 mar. 2015a. Disponível em: <http://www.planalto.gov.br/ccivil_03/_ato2015-2018/2015/lei/l13105.htm>. Acesso em: 21 mar. 2022.

BRASIL. Lei n. 13.709, de 14 de agosto de 2018. **Diário Oficial da União**, Brasília, DF, 14 ago. 2018. Disponível em:<http://www.planalto.gov.br/ccivil_03/_ato2015-2018/2018/lei/l13709.htm>. Acesso em: 21 mar. 2022.

BRASIL. Conselho de Justiça Federal. Enunciado 173. JORNADA DE DIREITO CIVIL, 3. Brasília, DF, 2005. **Anais...**, Brasília: CJF, 2022. Disponível em: <https://www.cjf.jus.br/cjf/corregedoria-da-justica-federal/centro-de-estudos-judiciarios-1/publicacoes-1/jornadas-cej/iii-jornada-de-direito-civil-1.pdf>. Acesso em: 21 mar. 2022.

BRASIL. Ministério da Justiça. Secretaria de Direito Econômico. Departamento de Proteção e Defesa do Consumidor. Escola Nacional de Defesa do Consumidor. **A proteção de dados pessoais nas relações de consumo**: para além da informação credítica. Elaboração de Danilo Doneda. Brasília: SDE/DPDC, 2010. Disponível em: <https://www.defesadoconsumidor.gov.br/images/manuais/vol_2_protecao_de_dados_pessoais.pdf >. Acesso em: 21 mar. 2022.

BRASIL. Projeto de Lei do Senado n. 281/2012. **Diário do Senado Federal**, Brasília, DF, 29 out. 2015b. Disponível em: <https://www25.senado.leg.br/web/atividade/materias/-/materia/106768>. Acesso em: 21 mar. 2022.

BRASIL. Supremo Tribunal de Justiça. Recurso Especial n. 1.872.048/RS, Rel. Ministra Nancy Andrighi, Terceira Turma. Julgado em 23/02/2021. **Diário da Justiça Eletrônico**, Brasília, DF, 1º mar. 2021. Disponível em:<https://portaljustica.com.br/acordao/2495943>. Acesso em: 21 mar. 2022.

BRASIL. Superior Tribunal de Justiça. Recurso Especial n. 1.101.949/DF. Relator: Ministro Marco Buzzi. Julgado em: 10/05/2016. **Diário da Justiça Eletrônico**, Brasília, DF, 10 maio. 2016. Disponível em: <https://stj.jusbrasil.com.br/jurisprudencia/862055990/recurso-especial-resp-1101949-df-2008-0255973-6>. Acesso em: 21 mar. 2022.

CALAIS-AULOY, J.; STEINMETZ, F. **Droit de la Consommation**. 4. ed. Paris: Edittions Dalloz, 1996.

CANTO, R. E. do. **A vulnerabilidade dos consumidores no comércio eletrônico**: reconstrução da confiança na atualização do Código de Defesa do Consumidor. São Paulo: Revista dos Tribunais, 2015.

CARDOSO, B. Contratos inteligentes: descubra o que são e como funcionam. **Jusbrasil**, 23 abr. 2018. Disponível em: <https://brunonc.jusbrasil.com.br/artigos/569694569/contratos-inteligentes-descubra-o-que-sao-e-como-funcionam>. Acesso em: 21 mar. 2022.

CASTELLS, M. A hora do grande reset. Tradução de Simone Paz. **Outras palavras**, 23 abr. 2020. Disponível em: <https://outraspalavras.net/pos-capitalismo/castells-a-hora-do-grande-reset/>. Acesso em: 21 mar. 2022.

CATALAN, M. Uma ligeira reflexão acerca da hipervulnerabilidade dos consumidores no Brasil. In: DANUZZO, R. S. (Org.). **Derecho de daños y contratos**: desafíos frente a las problemáticas del siglo XXI. Resistencia: Contexto, 2019. p. 45-46.

CAVALIERI FILHO, S. **Programa de direito do consumidor**. 3. ed. São Paulo: Atlas, 2011.

CLIMBA COMMERCE. **Qual é o panorama atual do comércio eletrônico no Brasil?** Disponível em: <https://www.climba.com.br/blog/qual-e-o-panorama-atual-do-comercio-eletronico-no-brasil/>. Acesso em: 21 mar. 2022.

COELHO, F. U. **Manual de direito comercial**: direito de empresa. 23. ed. São Paulo: Saraiva, 2011.

CONAR. Conselho Nacional de Autorregulamentação Publicitária. **Missão**. Disponível em: <http://www.conar.org.br/>. Acesso em: 21 mar. 2022.

CONAR. Conselho Nacional de Autorregulamentação Publicitária. **Representação n. 211/2015**. fev. 2016. Disponível em: <http://www.conar.org.br/processos/detcaso.php?id=4259>. Acesso em: 21 mar. 2022.

CORRÊA, G. T. **Aspectos jurídicos da internet**. 2. ed. São Paulo: Saraiva, 2002.

CUNHA JÚNIOR, E. B. Os contratos eletrônicos e o novo Código Civil. **Revista CEJ**, v. 6, n. 19, p. 62-77, 2002. Disponível em: <https://revistacej.cjf.jus.br/cej/index.php/revcej/article/view/508/689>. Acesso em: 21 mar. 2022.

D'ANGELO, P. Dados atualizados sobre o coronavírus: impacto nos hábitos dos brasileiros. **Opinion Box**, 7 abr. 2020. Disponível em: <https://blog.opinionbox.com/dados-atualizados-sobre-o-coronavirus/>. Acesso em: 21 mar. 2022.

DE LIRA, Á. L. L.; ARAÚJO, E. G. de. Instagram: do clique da câmera ao clique do consumidor. In: CONGRESSO DE CIÊNCIAS DA COMUNICAÇÃO NA REGIÃO NORDESTE, 17., 2015, Natal. **Anais...**, Natal: UnP, 2015. Disponível em: <https://www.portalintercom.org.br/anais/nordeste2015/resumos/R47-2744-1.pdf>. Acesso em: 21 mar. 2022.

DINIZ, M. H. **Curso de direito civil brasileiro**. 19. ed. rev. aum. e atual. São Paulo: Saraiva, 2002.

DINIZ, M. H. **Curso de direito civil brasileiro**. 25. ed. rev., atual. e ampl. de acordo com a reforma do CPC e com o Projeto de Lei n. 276/2007. São Paulo: Saraiva, 2008.

DOXXA. **Brasil registra 107 mil novos e-commerces na pandemia**. 16 jun. 2020. Disponível em: <https://doxxa.com.br/brasil-registra-107-mil-novos-e-commerces-na-pandemia/>. Acesso em: 21 mar. 2022.

E-COMMERCE BRASIL. **E-commerce cresce 12% no primeiro semestre de 2019, segundo 40º Webshoppers**. 21 ago. 2019. Disponível em: <https://www.ecommercebrasil.com.br/noticias/e-commerce-cresce-12-por-cento-webshoppers-i-e-commerce-brasil/>. Acesso em: 21 mar. 2022.

EFING, A. C. **Fundamentos do direito das relações de consumo**, 2. ed. Curitiba: Juruá, 2004.

EFING, A. C.; CAMPOS, F. H. F. de. A vulnerabilidade do consumidor em era de ultramodernidade. **Revista de Direito do Consumidor**, v. 115, ano 27, p. 149-165, jan./fev. 2018.

EMERIM, C. C. Contratos eletrônicos de consumo: panorama doutrinário, legislativo e jurisprudencial atual. **Revista de Direito do Consumidor**, v. 23, n. 91, p. 367-393, jan./fev. 2014.

FACHIN, L. E. O "aggiornamento" do direito civil brasileiro e a confiança negocial. In: FACHIN, L. E. (Coord.). **Repensando fundamentos do Direito Civil Brasileiro Contemporâneo**. Rio de Janeiro: Renovar, 1998. p. 115-149.

FAVIER, Y. A inalcançável definição de vulnerabilidade aplicada ao direito: abordagem francesa. Tradução de Vinícius Aquini e Káren Rock Danilevicz Bertoncello. **Revista de Direito do Consumidor**, v. 21, n. 85, p. 15-23, jan./fev. 2013.

FEITOSA, D. de L.; GARCIA, L. S. Sistemas de reputação: um estudo sobre confiança e reputação no comércio eletrônico brasileiro. **Revista de Administração Contemporânea**, v. 20, n. 1, p. 84-105, jan./fev. 2016. Disponível em: <https://www.scielo.br/j/rac/a/YkVq6hGhDQ6cH6k8WVq994L/?lang=pt&format=pdf>. Acesso em: 21 mar. 2022.

FELIPINI, D. Mercado Livre: comércio C2C. **eCommerceOrg**, 14 dez. 2015. Disponível em: <https://www.e-commerce.org.br/mercadolivre/>. Acesso em: 21 mar. 2022.

FERREIRA, D. Papel da telessaúde em tempos de pandemia covid-19: para grandes males, grandes remédios. **Medicina Interna**, 2020. Disponível em:<https://revista.spmi.pt/index.php/rpmi/article/view/233/141>. Acesso em: 21 mar. 2022.

FINKELTEIN, M. E. **Aspectos jurídicos do comércio eletrônico**. Porto Alegre: Síntese, 2004.

FINKELSTEIN, M. E.; FINKELSTEIN, C. Privacidade e lei geral de proteção de dados pessoais. **Revista de Direito Brasileira**, v. 23, n. 9, p. 284-301, 2020. Disponível em: <https://www.indexlaw.org/index.php/rdb/article/view/5343/4545>. Acesso em: 21 mar. 2022.

GOMES, O. **Contratos**. 26. ed. Rio de Janeiro: Forense, 2008.

GRINOVER, A. P. et al. **Código Brasileiro de Defesa do Consumidor**: comentado pelos autores do anteprojeto. 5. ed. Rio de Janeiro: Forense Universitária, 1998.

HACKEROTT, N. A. T et al. **Aspectos jurídicos do e-commerce**. São Paulo: Thomson Reuters Brasil, 2021.

JEZLER, P. W. **Os influenciadores digitas na sociedade de consumo**: uma análise acerca da responsabilidade civil perante a publicidade ilícita. Trabalho de Conclusão de Curso (Graduação em Direito) – Universidade Federal da Bahia, Bahia, 2017.

JUNQUEIRA, M. **Contratos eletrônicos**. Rio de Janeiro: Maud, 2001.

KAMINSKI, O. Jurisdição na internet. **Revista Jus Navigandi**, ano 5, n. 38, 1º jan. 2000. Disponível em: <https://jus.com.br/artigos/1834>. Acesso em: 21 mar. 2022.

KLEE, A. E. L. **Comércio eletrônico**. São Paulo: Revista dos Tribunais, 2014. [E-book].

LARENZ, K. **Metodologia de la ciencia del derecho**. Tradução de Enrique Gimbernat Ordeig. Barcelona: Ariel, 1966.

LEAL, S. do R. C. S. **Contratos eletrônicos**: validade jurídica dos contratos via internet. São Paulo: Atlas, 2007.

LÉVY, P. **A conexão planetária**: o mercado, o ciberespaço, a consciência. Tradução de Carlos Irineu da Costa. São Paulo: Editora 34, 2001.

LIMBERGER, T.; MORAES, C. A. S. Comércio eletrônico: a vulnerabilidade do consumidor pela (des) informação e a responsabilidade civil dos provedores na internet. **Revista de Direito do Consumidor**, v. 97, p. 255-270, jan./fev. 2015. Disponível em: <https://revistadedireitodoconsumidor.emnuvens.com.br/rdc/article/view/1383/1295>. Acesso em: 1 dez. 2021.

LORENZETTI, R. L. **Comércio eletrônico**. São Paulo: Revista dos Tribunais, 2006.

MAIA, F. Projeto de alteração do Código de Defesa do Consumidor passa no Senado. **Blog do Consumidor**, Correio Braziliense, 2 out. 2015. Disponível em: <https://blogs.correiobraziliense.com.br/consumidor/_projeto_de_alteracao_do_codigo_de_defesa_do_consumidor_passa_no_senado/>. Acesso em: 21 mar. 2022.

MAIA, M. C. O paciente hipervulnerável e o princípio da confiança informada na relação médica de consumo. **Revista de Direito do Consumidor**, v. 22, n. 86, p. 203-232, mar./abr. 2013.

MALHEIRO, E. P. Negócios, atividades por meio digital e seu regime jurídico na sociedade da informação. **Revista dos Tribunais**, v. 988, n. 107, p. 217-232, fev. 2018.

MARINS, J. et al. **Código do Consumidor comentado**. São Paulo: Revista dos Tribunais, 1995.

MARQUES, C. L. A nova noção de fornecedor no consumo compartilhado: um estudo sobre as correlações do pluralismo contratual e o acesso ao consumo. **Revista de Direito do Consumidor**, v. 111, ano 26, p. 247-268, maio/jun. 2017. Disponível em: <https://revistadedireitodoconsumidor.emnuvens.com.br/rdc/article/view/1081/946>. Acesso em: 21 mar. 2022.

MARQUES, C. L. **Confiança no comércio eletrônico e a proteção do consumidor**: um estudo dos negócios jurídicos de consumo no comércio eletrônico. São Paulo: Revista dos Tribunais, 2004.

MARQUES, C. L. **Contratos no código de defesa do consumidor**: o novo regime das relações contratuais. 5. ed. rev., atual. e ampl. São Paulo: Revista dos Tribunais, 2005.

MARQUES, C. L. Diálogo das fontes. In: BENJAMIN, A. H. V.; MARQUES, C. L.; BESSA, L. R. **Manual de direito do consumidor**. 4. ed. rev., atual. e ampl. São Paulo: Revista dos Tribunais, 2012. p. 122-136.

MARQUES, C. L.; BENJAMIM, A. H. V. **Comentários ao Código de Defesa do Consumidor**. 2. ed. São Paulo: Revista do Tribunais, 2006.

MARQUES, C. L.; MIRAGEM, B. "Serviços simbióticos" do consumo digital e o PL 3.514/2015 de atualização do CDC. **Revista de Direito do Consumidor**, São Paulo, v. 132, p. 91-118, nov./dez. 2020.

MARQUESI, R. W.; LÊDO, A. P. R. S.; SABO, I. C. A necessidade do diálogo das fontes nas relações de consumo suscetíveis ao comércio eletrônico. **Revista Quaestio Iuris**, v. 11, n. 2, p. 757-775, 2018. Disponível em: <https://www.e-publicacoes.uerj.br/index.php/quaestioiuris/article/view/30346/24688>. Acesso em: 21 mar. 2022.

MARTINS, G. M. **Responsabilidade civil por acidente de consumo na internet**. São Paulo: Revista dos Tribunais, 2008.

MINAS GERAIS. Ministério Público. Promotoria de Justiça de Defesa do Consumidor de Belo Horizonte. Fundação Instituto de Pesquisas Econômicas. **Diagnóstico nacional do consumidor**: vítima de conduta abusiva durante a pandemia. 2020. Disponível em: <https://www.mpmg.mp.br/data/files/98/56/E7/BC/9D44A7109CEB34A7760849A8/DIAGN_STICO%20NACIONAL%20DO%20CONSUMIDOR%20_5_.pdf>. Acesso em: 21 mar. 2022.

MIRAGEM, B. Novo paradigma tecnológico, mercado de consumo digital e o direito do consumidor. **Revista de Direito do Consumidor**, v. 125, ano 28, p. 17-62, set. out./2019. Disponível em: <https://revistadedireitodoconsumidor.emnuvens.com.br/rdc/article/view/1243/1168>. Acesso em: 21 mar. 2022.

MIRAGEM, B. Responsabilidade por danos na sociedade de informação e proteção do consumidor: desafios atuais da regulação jurídica da internet. **Revista de Direito do Consumidor**, v. 18, n. 70, p. 41-92, abr./jun. 2009.

MORAES, P. V. D. P. **Código de Defesa do Consumidor**: o princípio da vulnerabilidade no contrato, na publicidade, nas demais práticas comerciais. Porto Alegre: Síntese, 1999.

MORAES, T. O que é s-commerce? **Agência e-Plus**, 22 fev. 2017. Disponível em: <https://www.agenciaeplus.com.br/o-que-e-s-commerce/>. Acesso em: 21 mar. 2022.

NAÇÃO DIGITAL. O que é mobile commerce e como aplicá-lo em seu e-commerce. 3 jun. 2019. Disponível em: <https://nacao.digital/blog/o-que-e-mobile-commerce/>. Acesso em: 21 mar. 2022.

NALIN, P. **Do contrato**: conceito pós-moderno. Curitiba, Juruá, 2001.

NASCIMENTO, T. M. C. do. **Responsabilidade civil no Código de Defesa do Consumidor**. Rio de Janeiro: Aide, 1991.

NEGREIROS, T. **Fundamentos para uma interpretação constitucional do princípio da boa-fé**. Rio de Janeiro: Renovar, 1998.

NETO, A. V. **Comércio eletrônico**: direito e segurança. Curitiba: Juruá, 2011.

NETRICA. Top e-commerce ranking reports: global ranking. **E-commerce Brasil**. Disponível em: <https://ecommerce-brasil.rankings.netquest.digital/#/global-ranking >. Acesso em: 21 mar. 2022.

NUNES, L. A. R. **Curso de direito do consumidor**. 2. ed. rev., modif. e ampl. São Paulo: Saraiva, 2005.

UNCITRAL. Comissão das Nações Unidas para o Direito Comercial e Internacional. Resolução 51/162 da Assembleia Geral, de 16 de dezembro de 1996. **Lei Modelo sobre comércio eletrônico com guia para sua incorporação ao direito interno**. Brasília: ONU Brasil, 1996.

PARANÁ. Tribunal de Justiça. Apelação n. 105498720188160173 Umuarama. **Diário da Justiça do Paraná**, Curitiba, PR, 12 mar. 2021. Disponível em: <https://tj-pr.jusbrasil.com.br/jurisprudencia/1249503553/apelacao-apl-10549-umuarama-0010549-8720188160173-acordao>. Acesso em: 21 mar. 2022.

PAULICHI, J. S.; CARDIN, V. S. G. Das formas de inteligência artificial e os impactos nos padrões de consumo e a proteção dos direitos da personalidade. **Revista Meritum**, v. 15, n. 4, p. 228-245, 2020. Disponível em: <http://revista.fumec.br/index.php/meritum/issue/view/417>. Acesso em: 21 mar. 2022

PIAIA, T. C.; COSTA, B. S.; WILLERS, M. M. Quarta revolução industrial e a proteção do indivíduo na sociedade digital: desafios para o direito. **Revista Paradigma**, v. 28, n. 1, p. 122-140, jan./abr. 2019. Disponível em: <https://revistas.unaerp.br/paradigma/article/view/1444/1287>. Acesso em: 21 mar. 2022.

REALE, M. **Fontes e modelos do direito**. São Paulo: Saraiva Educação, 2017.

RONDÔNIA. Tribunal de Justiça. Apelação Cível n. 00084719620128220001 RO 0008471-96.2012.822.0001. Relator: Desembargador Alexandre Miguel **Diário Oficial do Estado de Rondônia**, RO, 9 dez. 2015. Disponível em: <https://tj-ro.jusbrasil.com.br/jurisprudencia/295492768/apelacao-apl-84719620128220001-ro-0008471-9620128220001>. Acesso em: 21 mar. 2022.

ROPPO, E. **O contrato**. Tradução de Ana Coimbra e M. Januário C. Gomes. Coimbra: Almedina, 1988.

ROSSI, M. D. Aspectos legais do comércio eletrônico: contratos de adesão. **Revista de Direito do Consumidor**, n. 36, 105-129, out./dez. 2000.

SALMAN, J. El A.; FUJITA, J. S. Inovações tecnológicas baseadas na economia colaborativa ou economia compartilhada e a legislação brasileira: o caso uber. **Revista de Direito, Economia e Desenvolvimento Sustentável**, v. 4, n. 1, 2018, p. 92-112. Disponível em: <https://indexlaw.org/index.php/revistaddsus/article/view/4243/pdf>. Acesso em: 21 mar. 2022.

SANTOS, B. de S. **A cruel pedagogia do vírus**. São Paulo: Boitempo Editorial, 2020.

SANTOS, V. M. S. Reflexões Sobre o direito de arrependimento no comércio eletrônico e a atualização do CDC: contribuições ao PL 3.514/2015. **Revista de Direito do Consumidor**, v. 126, ano 28. p. 375-404, nov.-dez./2019.

SARMENTO, D. **Ordem constitucional econômica, liberdade e transporte individual de passageiros**: o "caso Uber". Parecer. Rio de Janeiro, RJ, 10 jul. 2015. Disponível em <https://www.conjur.com.br/dl/paracer-legalidade-uber.pdf>. Acesso em: 21 mar. 2022.

SEBRAE. Serviço Brasileiro de Apoio às Micro e Pequenas Empresas. **F-commerce**: veja as vantagens de ter uma loja virtual no Facebook. 7 maio. 2021. Disponível em: <https://www.sebrae.com.br/sites/PortalSebrae/artigos/artigosMercado/f-commerce-veja-as-vantagens-de-ter-uma-loja-virtual-no-facebook,47aca719a0ea1710VgnVCM1000004c00210aRCRD>. Acesso em: 21 mar. 2022.

SCHREIBER, A. Contratos eletrônicos e consumo. **Revista Brasileira de Direito Civil**, v. 1, n. 1, jul.-set./2014. Disponível em: <https://rbdcivil.ibdcivil.org.br/rbdc/article/view/132/128>. Acesso em: 21 mar. 2022.

SCHWAB, K. **A quarta revolução industrial**. São Paulo: Edipro, 2019.

SILVA, C. R. M. da; TESSAROLO, F. M. Influenciadores digitais e as redes sociais enquanto plataformas de mídia. In: CONGRESSO BRASILEIRO DE CIÊNCIAS DA COMUNICAÇÃO, 34., 2016, São Paulo. **Anais...**, São Paulo: Intercom, 2016. Disponível em: <https://portalintercom.org.br/anais/nacional2016/resumos/R11-2104-1.pdf>. Acesso em: 21 mar. 2022.

SILVA, R. R. da. Contratos eletrônicos. **Revista Jus Navigandi**, ano 4, n. 31, 1º maio. 1999. Disponível em: <https://jus.com.br/artigos/1794/contratos-eletronicos>. Acesso em: 21 mar. 2022.

SILVA JR, J. T.; RAMALHO, F. R. X. As dimensões dos impactos sociais da economia do compartilhamento: será a sociedade do futuro mais sustentável e colaborativa? In: ENCONTRO NACIONAL DE PESQUISADORES EM GESTÃO SOCIAL, 9., 2016, Porto Alegre. **Anais**..., Porto Alegre: UFRGS, 2016.

SILVEIRA, S.A. **Exclusão digital**: a miséria na era da informação. São Paulo: Fundação Perseu Abramo, 2001.

TARTUCE, F.; MONTEIRO, G. A reforma do Código de Defesa do Consumidor. Comentários ao PL 281/2012 e algumas sugestões. **Revista de Direito do Consumidor**, v. 24, n. 99, p. 307-332, maio/jun. 2015. Disponível em: <https://revistadedireitodoconsumidor.emnuvens.com.br/rdc/article/view/373/319>. Acesso em: 21 mar. 2022.

TARTUCE, F.; TARTUCE, F. A proposta celebrada via internet faz com que o contrato eletrônico seja formado entre presentes? **Revista Eletrônica Intelligentia Jurídica**, set. 2004, Seção Bate-Boca. Disponível em: <http://www.fernandatartuce.com.br/site/artigos/cat_view/38-artigos/43-artigos-da-professora.html>. Acesso em: 21 mar. 2022.

TEIXEIRA, T. Responsabilidade civil no comércio eletrônico: a livre iniciativa e a defesa do consumidor. In: DE LUCCA, N.; SIMÃO FILHO, A.; LIMA, C. R. P. de (Coord.). **Direito e internet III**: Marco Civil da Internet (Lei n. 12.965/2014). São Paulo: Quartier Latin, 2015. p. 341-375. (Tomo II).

TELLES, A. **O futuro é *smart***: como as novas tecnologias estão redesenhando os negócios e o mundo em que vivemos. Curitiba: PUCPRess, 2018. E-book.

TOMASETTI JUNIOR, A. O objetivo da transparência e o regime jurídico dos deveres e riscos de informação nas declarações negociais para consumo. **Revista de Direito do Consumidor**, n. 4, p. 52-90, 1993.

TOMASEVICIUS FILHO, E. Inteligência artificial e direitos da personalidade. **Revista da Faculdade de Direito**, Universidade de São Paulo, v. 113, p. 133-149, 2018. Disponível em: <https://www.revistas.usp.br/rfdusp/article/view/156553>. Acesso em: 21 mar. 2022.

TORRES, A. C. B. **Teoria contratual pós-moderna**: as redes contratuais na sociedade de consumo. Curitiba: Juruá, 2007.

VÁZQUEZ, A. O que é e-commerce: para que serve e como funciona? **Nuvemshop**, 25 nov. 2021. Disponível em: <https://www.nuvemshop.com.br/blog/o-que-e-ecommerce/>. Acesso em: 21 mar. 2022.

VERBICARO, D.; MARTINS, A. P. P. A contratação eletrônica de aplicativos virtuais no Brasil e a nova dimensão da privacidade do consumidor. **Revista de Direito do Consumidor**, v. 116, ano 27, p. 369-391, mar./abr. 2018.

VIEIRA, L K.; CIPRIANO, A. C. M. Covid-19 e direito do consumidor: desafios atuais e perspectivas para o futuro. **Revista de Direito do Consumidor**, v. 135, p. 103-124, maio/jun. 2021.

VOLPI NETO, A. **Comércio eletrônico**: direito e segurança. Curitiba: Juruá, 2001.

Sobre a autora

Andreza Cristina Baggio é doutora em Direito Econômico e Socioambiental (2010) pela Pontifícia Universidade Católica do Paraná (PUCPR), mestre em Direito Econômico e Social (2006) pela PUCPR, especialista em Gestão de Direito Empresarial (2003) pelo Centro Universitário FAE, especialista em Direito Processual Civil (1999) pelo Instituto Brasileiro de Estudos Jurídicos da Infraestrutura, bacharel em Direito (1998) pela PUCPR. Professora de Direito Processual Civil, Direito Contratual e de Direito do Consumidor. Áreas principais de pesquisa: direitos fundamentais, sociedade de consumo e sustentabilidade, direitos dos consumidores, acesso à justiça, processo e jurisdição na sociedade massificada, novo Código de Processo Civil.

Os papéis utilizados neste livro, certificados por instituições ambientais competentes, são recicláveis, provenientes de fontes renováveis e, portanto, um meio **responsável** e natural de informação e conhecimento.

FSC
www.fsc.org
MISTO
Papel produzido
a partir de
fontes responsáveis
FSC® C103535

Impressão: Reproset
Março/2023